PONTE EN MI LUGAR

CARMINA BENAMUNT

PONTE EN MI LUGAR

ENTIENDE Y ACOMPAÑA A TU ADOLESCENTE COMO LO NECESITA

BRUGUERA

Papel certificado por el Forest Stewardship Council®

Primera edición: noviembre de 2025

Travessera de Gràcia, 47-49. 08021 Barcelona
Imágenes de interior: iStockphoto

Printed in Spain — Impreso en España

ISBN: 978-84-02-43092-2
Depósito legal: B-17.254-2025

Compuesto por Carol Borràs
Impreso en Gómez Aparicio, S. L.
Casarrubuelos (Madrid)

BG 30922

A mi adolescente interior.
A todos los padres y madres que acompañan a sus adolescentes mientras se superan en la vida.

ÍNDICE

1

MI ADOLESCENTE INTERIOR

El adolescente interior

En cada adulto vive un adolescente interior.
Dormido o despierto.

Sabrás si está dormido o despierto si sigues conectado a la energía que le caracteriza; esa energía rebelde, creativa y soñadora.

Lo más probable es que con el paso de los años te hayas desconectado de esa energía vital, pero, cuando alguno de los miembros de la familia entra en la etapa adolescente, no podrás evitar verte cara a cara con la adolescencia de nuevo. Si tenías a tu «yo adolescente interior» dormido, esta será la gran oportunidad y la gran llamada para despertar a tu adolescente interior y poder así conectar con tu hija o hijo en este momento tan crucial de su vida.

Reconocer y honrar al adolescente interior
es esencial para vivir una vida auténtica y plena.

Si me remonto un paso antes de entrar a la adolescencia, a mi infancia, recuerdo la alegría, la ilusión que se respiraba, tanto en mi interior como en mi casa. Mis padres eran puro amor. Vivíamos tranquilos con un cierto orden en nuestras vidas. Recuerdo una mañana de sábado en que mi hermano Santi y yo fuimos a la habitación de mis padres, saltamos en la cama y los despertamos. Nos dimos abrazos, nos hicimos un montón de cosquillas, nuestras voces eran calmadas y risueñas. Puede que ese momento durara diez minutos, pero a mí me pareció una bella eternidad. Lo teníamos todo. Yo sentía que lo tenía todo. Vivía tranquila y segura.

De mi entrada a la etapa adolescente recuerdo la dualidad de dos fuerzas: por un lado, las ganas de descubrir algo de mí misma y de la vida que no sabía ni qué era y, por otro lado, el miedo y la vergüenza a exponerme, a relacionarme con las personas, a arriesgarme. Sentía un movimiento interno de péndulo: hacia un lado me llevaba a avanzar con fuerza hacia la vida y hacia el otro a retroceder a casa por miedo.

La adolescencia trae consigo el espíritu de crecimiento, trae consigo las ganas de crear algo nuevo que sale de tu interior. **Esa es la verdadera búsqueda de identidad.** La adolescencia es la experiencia de vida donde la creación de un deseo se vive con naturalidad. Es la etapa donde el ser humano se conecta con la osadía y la fuerza de superación más fuerte de la vida. Es la etapa donde el ser humano se conecta con una idea, una imagen o un deseo, y es capaz de llevarlo a cabo.

La adolescencia es la etapa en que la vida te llama muy claramente a la aventura, al descubrimiento, y, si se escucha esta llamada, tu vida va a convertirse en una auténtica montaña rusa de aprendizajes, retos, dramas, superación personal, y el desafío más revelador: descubrir quién eres. Es la primera transición, y una de las más fantásticas que vive el ser humano en toda su vida.

Muchos inventos y obras mundialmente conocidas fueron ideas que se gestaron en la etapa adolescente gracias a algunas personas que en su adolescencia conectaron con ese espíritu rebelde, creativo y libre:

- **Anna Frank** escribió su diario entre la preadolescencia y la etapa media de la adolescencia, de los trece a los quince años, y, tras la guerra, su padre lo publicó con el nombre de *El diario de Anna Frank*.
- **Mary Shelley** empezó a escribir *Frankenstein* en un verano de grandes tormentas en Suiza, cuando tenía solo dieciocho años.
- **Malala Yousafzai** es la persona más joven en ganar el Premio Nobel de la Paz. Con tan solo once años empezó su activismo escribiendo un blog para la BBC sobre la vida bajo el régimen talibán en Pakistán y la importancia de la educación para las niñas. A los quince años sobrevivió a un ataque talibán y se convirtió en un icono mundial de los derechos humanos.
- **Mark Zuckerberg** creó durante la adolescencia programas y juegos, algunos para sus amigos y otros para facilitar procesos en su hogar. Sus padres reconocieron su talento y contrataron a un tutor privado para que le ayudara a desarrollar todavía más sus habilidades de programación. Esta pasión culminó en la creación de Facebook mientras estudiaba en Harvard.
- **Oprah Winfrey**, a los diecisiete años, ganó varios concursos de oratoria en el instituto y trabajó como locutora en una emisora de radio. Estas experiencias la

llevaron a enfocar su carrera en los medios y a usar su voz para inspirar a otros. Hoy es una de las mujeres más influyentes de los Estados Unidos.

El libro que tienes entre las manos se gestó en mi adolescencia; me encantaba leer y escribir y disfrutaba en las clases de Literatura y Filosofía. A la edad de quince o dieciséis años conecté con un deseo romántico arrollador por sumergirme en la poesía, en la oratoria romántica; la literatura y la filosofía me fascinaban y empecé a escribir poemas para expresar mi movimiento interno. Pero, sobre todo, lo que más me gustaba era el detenerme a reflexionar sobre mi vida. Empecé a escribir un diario de cómo me sentía y qué pasaba en mi día a día. Recuerdo los momentos íntimos de escritura, a veces tumbada en la cama de mi habitación, otras veces, en mi terraza. Es importante escuchar la llamada porque, por norma general, un deseo tiene que ver con algo que vas a sacar de tu interior para ofrecerlo al mundo, y su objetivo es tu crecimiento.

Para cumplir este nuevo **deseo, es necesario crecer e ir allí donde nunca antes has estado; tienes que descubrir forzosamente quién eres mientras superas los obstáculos de la vida**. Siempre he creído que un deseo es una llamada que te traspasa, que viene a través de ti; no es algo realmente tuyo, es lo que tú vas a dar al mundo. Y esta es la gran semilla de la adolescencia.

En cada adulto vive un adolescente interior que un día fue llamado a la aventura de la vida, para cumplir un sueño, un deseo, una visión, y, si no estás lo suficientemente despierto, puede que nunca escuches esta llamada para vivir tu vida, para descubrir quién eres. Todavía estás a tiempo, y, ¿sabes por qué?, porque tu hijo adolescente ha venido a recordarte que la adolescencia es fuerza, coraje, osadía y superación personal. Ahora es su turno, y tienes una gran oportunidad: acompañarle a vivir una adolescencia feliz.

Escucha la llamada de tu adolescente interior y oirás la llamada del adolescente interior que está naciendo en tu hijo; es una oportunidad para crecer en todos los sentidos.

Pon todos los medios para su realización personal, para que pueda evolucionar y desarrollar lo que lleva dentro. Recuerda que su proceso de vida es suyo y de la vida misma.

Heridas emocionales: ¿cómo afectan a la relación actual con mi adolescente?

En este libro, voy a compartir contigo parte de mi historia, y lo haré desde mi verdad. Al mismo tiempo, voy a compartir mi experiencia profesional como *coach* de adolescentes y mentora de transformación familiar.

Todas las historias que voy a compartir están basadas en historias reales de mis clientes, padres y madres que han trabajado conmigo, o de mi alumnado de la Academia de Adolescentes Conscientes. No obstante, voy a cambiar sus nombres y algunos detalles de su vida para proteger su intimidad.

Lo que voy a contar me sucedió durante mi adolescencia tardía, de los diecisiete a los veinticinco años. Sí, la adolescencia dura hasta los veinticinco años, algo que aprendí de Daniel Siegel, quien dice que el proceso madurativo del cerebro va de los diez a los veinticinco, que es cuando la corteza prefrontal acaba de asentar su madurez. En esa etapa yo bailaba en una escuela de danza y tenía la obsesión de entrar en el grupo de baile de las más top, las grandes, las mejores. Pero había un requisito: estar en plena forma, o, lo que era lo mismo para mí, estar delgada.

En ese momento empezó mi odisea con el cuerpo. Por un lado, me gustaba mi cuerpo, me veía bonita, y, por otro lado, cuando me comparaba, solo veía que era de las bajitas, que tenía el cuerpo más largo que las piernas, que tenía barriga, mi pelo rizado era imposible de domar, mi nariz de patata monopolizaba mi cara, los puntos negros y granos de la zona de la barbilla eran horribles, el olor a sudor fuerte era desagradable. Todo eso era algo con lo que tenía que lidiar a diario y, a veces, lo más fácil era rechazarlo todo para ver si así desaparecía y volvía a ser la niña normal que había sido siempre.

Obviamente, eso nunca sucedía, y, sin darme cuenta, entré en una espiral de rechazo a mí misma que me llevó a sufrir un trastorno de la conducta alimentaria.

Mis padres tomaron una decisión, y me llevaron a una psicóloga. Recuerdo que en la primera consulta mi psicóloga, aparte de hacerme durante horas y horas un sinfín de test, me dijo que tenía anorexia nerviosa, que estaba en el primer grado. Tuve una sensación curiosa; me acuerdo de darme cuenta de que algo me estaba pasando, de que no me sentía bien, pero no sabía qué hacer para sentirme mejor. Con los años he entendido que lo que me pasaba era que no sabía cómo amarme. A lo largo de mi vida, me he encontrado varias veces con este desafío: saber que me ocurre algo, tener muy claro que eso que me pasa, o que estoy viviendo, no es bueno para mí y, sin embargo, no saber cómo salir de ahí.

Todavía me pasa a veces: vivo mi vida y, al mismo tiempo, es cómo si pudiera escucharme y verme desde fuera. Como si pudiera separarme: por un lado una voz solemne me guía y me dejo llevar como la corriente de un río, y por otro lado una parte de mí que está viviendo la situación en concreto. Por aquel entonces, me daba cuenta de que no me apetecía comer, me daba cuenta de que constantemente criticaba mi cuerpo, me daba cuenta de que mis voces internas me repetían que, si estuviera delgada, sería más fácil de querer. Asocié la idea de estar delgada con el hecho de que las personas me valoraran; de lo contrario, me quedaría sola y fuera de los grupos. Sin pertenecer a ningún lado.

Eso no fue lo peor; la vida me tenía preparado uno de los golpes más duros. Fue la etapa que me despojó de todo mi valor y autoestima, fue la etapa más oscura de mi vida y, a la vez, la más luminosa, sobre todo por el aprendizaje.

Hay varias formas en las que una persona adolescente transita la separación con sus padres y va hacia la adultez, y una de ellas es teniendo pareja muy temprano. Es una forma de cruzar el puente de la adolescencia acompañada y sin tanta angustia ante el miedo o la soledad de hacerse mayor.

Yo vivía con mi familia, me sentía feliz y muy querida por mis padres. Ellos siempre procuraban poner medios para que mi hermano y yo siguiéramos nuestro camino de crecimiento. Nos lo daban todo, y en mi casa había paz. Todas mis amigas y amigos siempre venían a mi casa porque era un lugar muy agradable. Mis padres facilitaban las cosas y nos guiaban. En esa época, mis padres practicaban bailes de salón, y era una gozada verlos bailar en casa. La música y el baile en mi familia eran habituales. Me sentía amada y querida. ¡Qué bendición!

Con diecisiete años me enamoré, o lo que yo pensé que era enamorarse. Era una de mis primeras parejas, y empezó a tener explosiones de ira a diario, me acusaba y ridiculizaba. Sus celos enfermizos hacían que constantemente me estuviera justificando por cada acto, y eso me llevó a quedarme sin mis amigas; me distancié de todo mi círculo social, lo perdí todo. Perdí mi sonrisa y mi entusiasmo por la vida. Pasé de ser una chica llena de alegría y ganas de vivir a una chica triste, apagada, sin sueños.

Recuerdo un día que íbamos por la calle juntos, habíamos quedado con unos amigos en un bar para tomar algo, y me encontré a un amigo de la universidad. Al cruzarnos por la calle, nos saludamos y le di dos besos; fue un saludo rápido, de aquellos de «Eh, qué tal, bueno, nos vemos por la uni. Venga, hasta el lunes». Pues ese momento tan trivial me llevó esa noche a los horrores. Mi novio estuvo machacándome porque había saludado a un chico en plena calle, que por qué le había dado dos besos, que seguro que me gustaba, que era una mentirosa y que en la universidad me dedicaba a ligar con los chicos.

Me quedé tan estupefacta que mi bloqueo duró toda la noche. No dije ni una palabra. Lloré, y, cuando lloraba mucho, se me hinchaban los ojos. Así que, cuando me vieron los ojos, la pandilla con la que íbamos me preguntó si me pasaba algo, pero yo solo respondí que no me sentía bien. Con él aprendí a fingir, a aislarme del mundo. Y, lo peor de todo, aprendí a disculparme por algo que no había hecho. Le decía que tenía razón porque era la única forma de que me dejara en paz.

Ya lo he perdonado y olvidado, y lo he hecho por amor a mi adolescente interior.

Gracias a esa etapa tan dramática de mi vida, hoy estoy aquí, y me dedico a transformar la vida de las personas que están en la adolescencia para enviarles el mensaje de «tú eres valiosa», «tú eres única y capaz y puedes levantarte de cualquier lugar y decir: "Basta"».

Puedes irte de allí donde haya alguien que no te trata bien.
Puedes quererte tanto que las críticas y acusaciones queden atrás a tu paso.
No te quedes con nadie que no te eleva. Vete.

Aprendí, siendo adolescente, que toda situación traumática trae consigo grandes aprendizajes y una gran lección de vida. Y, hasta donde yo sé, o aprendes la lección y subes tu nivel de conciencia, o repites la situación en otro tiempo, con otras personas y en diferentes escenarios de vida.

Después de mi paso por la universidad, donde una de mis grandes ilusiones era viajar por el mundo (por eso estudié la diplomatura de Turismo), me di cuenta de que lo que me fascinaba era el mundo interior; me hacía preguntas sobre quién soy y quién es en realidad la voz que hay dentro de mí. Empecé a leer sobre crecimiento personal, y los libros de Jorge Bucay, Louise Hay, Stephen Hawking me acompañaron en silencio durante mis primeros años; mi búsqueda hacia mi interior era un grito a comprenderme.

Recuerdo una sesión con mi psicóloga en la que me dio una cinta de casete y me recetó empezar a meditar dos veces al día, una al levantarme y otra al acostarme. Empecé a hacerlo, y con tan solo dieciocho años experimenté algo fascinante: mientras meditaba, mientras estaba en el estado de meditación, no pasaba nada, no me sentía mal, no tenía miedo, y me resultó muy revelador darme cuenta de que había una manera de sentirme en paz.

Ahí empezó mi andadura por las formaciones de varias disciplinas de la psicología humanista, como la terapia gestalt, la PNL, la terapia breve estratégica... También empecé a interesarme por el *coaching* y recorrí todas las escuelas de Barcelona, hasta que mi cuerpo supo cuál era el siguiente paso. Hice el Máster en *Coaching* Estructural de Miguel Cortés, fui sumando formaciones y conociendo referentes del mundo del desarrollo personal y pasé asimismo por el Instituto Gestalt de Barcelona.

Tengo el hábito de aprendiz, o de discípula, y la costumbre de aplicar todo lo que aprendo, de experimentar, sacar conclusiones e ir ajustándolas y mejorándolas. **Parte de estar al servicio de las personas es el acompañamiento mientras encuentran su auténtico poder, su luz, que vuelvan a confiar en sí mismas**, y eso es lo que hago.

«Educar» significa extraer de dentro hacia fuera y, tras más de una década dedicada al estudio y al acompañamiento de familias y adolescentes, creé mi propia metodología: la mentoría de transformación familiar o MTF.

Parte de la problemática que veo en los adolescentes viene dada por la desconexión personal de padres y madres con su mundo interior, y, en este caso, **una aplastante desconexión con su propio adolescente interior**. Esto evidencia un alto grado de malestar aceptado en la vida de las familias, que se han acabado creyendo que el bienestar está reservado para unos pocos.

Recuerdo el proceso de transformación familiar que vivió Eva, madre de Ana, una adolescente de trece años. Eva me llamó porque quería mejorar la relación con su hija. Hacía varios años que se había separado del que era el padre de Ana y, aunque los adultos mantenían una muy buena relación, madre e hija se llevaban fatal.

Eva me contó que, al llegar a casa, todo eran broncas, malas contestaciones y desprecios de distintos niveles; unos días eran frases suaves, del tipo: «Déjame en paz»; otros días subían de tono a «Cállate, pesada», y en ocasiones llegaba a extremos como: «Vete, ojalá te mueras». Haciendo el proceso de transformación familiar, Eva se dio cuenta de algo: las dos estaban en un bucle negativo. Ella se quejaba de su hija, y su hija se quejaba de su madre. Se estaban haciendo de espejo. Había llegado el momento de cambiar la situación, y Eva tomó una decisión.

La pregunta interesante aquí es: ¿quién puede ser la palanca del cambio?, ¿quién puede cambiar esta situación? Uno mismo es el problema, y uno mismo es la solución. Recuérdalo siempre. Este es mi regalo para ti: eres la persona más responsable de tu vida. La respuesta es que la persona más consciente es quien tiene que activar la transformación, y, en la gran mayoría de los casos, va a ser el adulto, papá o mamá. O los dos.

Durante la mentoría de transformación familiar, Eva aprendió varias herramientas y recursos que la ayudaron a cambiar su forma de tratar a su hija. Recuerdo un día en concreto en que hicimos un ejercicio que trabajo en las sesiones de mentalidad cuya base es la PNL (programación neurolingüística). Gracias a este ejercicio fue consciente de cómo le hablaba a su hija, y lo agobiante, crítica y desagradable que había sido con ella ese último año. Empezó a llorar y, sollozando, me dijo: «Estaba como hipnotizada por la idea de que Ana lo estaba haciendo mal, y no me había parado a sentir cómo se siente realmente ella por dentro. Carmina, no sé cómo no me he dado cuenta antes de que tratándola así nunca la iba a recuperar».

Ese día la relación y la conexión entre Eva y su hija Ana cambiaron para siempre. A partir de entonces, las conversaciones y los momentos que pasaban juntas cambiaron radicalmente. Desde ese momento, Ana notó algo tan distinto en su madre que su movimiento natural fue de acercarse a ella, y esa noche pasaron un buen rato las dos juntas tumbadas en la cama, hablando cariñosamente. Eva no volvió atrás. No volvió al patrón educativo anterior.

Una vez que despiertas y abres los ojos, ya no puedes volver atrás.

Quiero detallar específicamente lo que Eva descubrió al hacer un trabajo de crecimiento personal para reconectar con su hija. Se dio cuenta de los siguientes aspectos:

- **Reacciones desproporcionadas:** reaccionaba de forma muy explosiva emocionalmente con su hija, y esto las distanciaba cada vez más.

- **Proyección emocional:** sin darse cuenta, Eva exigía a su hija, que fuera ella la que se gestionara emocionalmente, cuando en realidad ni ella misma sabía cómo hacerlo.

- **Falta de empatía:** al estar constantemente culpando a su hija no conseguía ver la conexión entre su adolescente interior y la vivencia de su hija. Y, además, tenía una gran dificultad para entender sus razones, empatizar con su vivencia y aún más para dar por válidas sus emociones. Si Eva no conectaba consigo misma, era poco probable que pudiera conectar con su hija.

- **Control excesivo o permisividad:** en ocasiones era muy permisiva, y otras, muy controladora. Ambos roles son fruto del miedo, y puedo asegurarte que educar en la adolescencia desde el miedo tiene como resultado la desconexión.

- **Problemas de comunicación:** no mantenían conversaciones tranquilas, no sabían cómo hacerlo; habían creado un mal hábito, que era quejarse la una de la otra, interrumpirse, juzgarse, y así de forma repetitiva todos los días.

- **Transmisión de traumas intergeneracionales:** las heridas no resueltas tienden a repetirse, y Eva seguía repitiendo el patrón de querer salvar a todo el mundo y sentir que nadie hacía nada por ella, cosa que la ponía muy furiosa.

- **Incapacidad de modelar la regulación emocional:** Eva tenía grandes dificultades para abordar los asuntos del día a día sin que la emoción del enfado lo monopolizara todo. El cien por cien de las veces, Eva reaccionaba, y lo que consiguió al darse cuenta de ello fue empezar a responder dejando atrás estas reacciones habituales. Eso implicó aumentar la presencia, y ser consciente de que las emociones no definen quien eres.

- **Confusión de roles:** algunas veces había optado por dejar por imposible a su hija, y esta decisión ponía a Ana en un lugar de poder que no le correspondía, lo que creaba desorden familiar. Parecía que Ana mandaba más que su madre. Al darse cuenta de esta dinámica, Eva tuvo más clara su responsabilidad como adulta, e internamente pudo sentir el «yo soy la mayor, mi hija es la pequeña». Esto cambió por completo las disputas y las discusiones, porque tener claro el rol de «la mayor» era crucial para que su hija no tomara decisiones que no le correspondían.

- **Distanciamiento emocional:** al estar casi siempre enfadadas, distanciadas y desconectadas, no compartían conversaciones profundas, ideas o anécdotas del día a día, algo muy importante en cualquier relación.

- **Recreación de patrones de rechazo:** después de varios meses de malestar, Ana percibía, consciente o inconscientemente, que no era aceptada por su madre y que en realidad lo que quería su madre era una niña que obedeciera y se sometiera a sus maneras desesperadas, pero Ana no pensaba obedecer. Y percibir esto hacía que Eva, en su fuero interno, rechazara a su hija. De hecho, en una sesión llegó a confesar que su hija le caía mal.

Esta es la carta de testimonio que me envió Eva al terminar su proceso:

«Cuando mi hija de trece años y yo llegamos a Carmina Benamunt llevábamos más de un año en una situación de peleas constantes, conflicto, malas palabras, faltas de respeto mutuo y desconexión a nivel emocional.

Yo me encontraba en un momento en que no tenía recursos para enfrentarme a esta situación de choque y conflicto constantes, y me sentía profundamente perdida, frustrada y triste por no poder manejar una situación que se me estaba escapando de las manos. No sabía gestionar mis emociones ni comunicarme de otra forma que no fuera de manera agresiva con mi hija, y eso repercutía en nuestra relación.

Carmina nos ha acompañado en este proceso durante la mentoría. Me ha enseñado a autogestionarme emocionalmente, a posicionarme como adulta y llevar las riendas en la relación, a comunicarme con cariño, dejando atrás el "ordeno y mando", las críticas y el juicio que tanto daño le hacían a mi adolescente.

Carmina nos ha tratado con una sensibilidad, compromiso y profesionalidad extraordinarias. Con su acompañamiento me ha enseñado a ser una madre presente, a acercarme a mi hija con palabras bonitas, sin juzgarla, comprendiendo el proceso que está viviendo. Me ha dado herramientas para gestionar y comprender mis emociones, redescubrirme, desaprender conductas que no nos hacían bien y aprender a acercarme a ella desde la compasión y el amor.

Para nosotras ha sido un antes y un después en nuestra vida. Ahora hemos vuelto a sentir esa conexión que habíamos perdido, ha mejorado nuestra relación de una forma extraordinaria. Nos hablamos y tratamos con respeto, la escucho, se siente segura y confiada para explicarme sus cosas, nos reímos juntas, se siente valorada por mí y nos comunicamos con cariño.

Gracias, gracias y gracias de corazón por acompañarnos y darnos luz en este camino».

Sanar a tu «adolescente interior»: un puente hacia tu hijo

Una de las cosas de las que me di cuenta cuando estaba estudiando distintas formaciones de la psicología humanista, incluidos libros y autores del campo de la mentalidad y la espiritualidad, es que había mucha información sobre «la niña interior». Había multitud de trabajos para sanar la niña interior y ahondar en las heridas de infancia para transformarlas, y que servían a las personas adultas para sanar su vida.

También me di cuenta de que el concepto «tu niña interior» lo utilizamos para referirnos a la recuperación de partes maravillosas del espíritu de la niña interior que un día fuimos: la alegría, el juego, la espontaneidad, el amor en su máxima plenitud, el vivir desde un estado elevado del ser, más allá de la mente y lo emocional. En definitiva, **aspectos que en la adultez se van dejando de lado en una especie de automatismo o piloto automático**.

Si bien es cierto que encontré referencias al «adolescente interior», nunca fueron claras para mí, puesto que fusionan a la niña con la adolescente. Bajo mi punto de vista, son dos etapas o vivencias muy distintas, y podemos extraer matices muy diferentes de ambas. Esta constatación me impulsó a diseñar un trabajo específico para las familias que las ayudara a sanar su propio «adolescente interior» y así facilitar la conexión con su hijo e hija adolescente.

Un ejemplo claro del impacto de este trabajo lo vi en el caso de una familia de tres: Emilia, Francisco y su hija Martina, de diecisiete años, con quien los padres tenían una relación muy conflictiva. Habían llegado a los gritos; incluso madre e hija se relacionaban habitualmente a base de peleas, desprecios y empujones.

Cuando Emilia y Francisco empezaron el proceso de transformación, se dieron cuenta de algo muy interesante. Al hacer su trabajo personal, cada uno se percató de que el centro de atención de su vida era su hija. Todo daba vueltas alrededor de ella. El nombre de su hija salía en la gran mayoría de las conversaciones. En ocasiones, hasta le preguntaban a ella qué hacer con ciertos asuntos familiares, como si quería ir a comer a casa de los tíos. Recuerdo que, en la llamada de valoración que mantengo con las familias para ver en qué situación están y cómo las puedo ayudar, Emilia me dijo: «Lo voy a hablar con Martina, a ver qué le parece que hagamos este proceso».

Cuando ponemos a los hijos en el centro de nuestras vidas y de forma inconsciente dejamos que tomen decisiones que no son asunto suyo, nos estamos ausentando de nuestra responsabilidad como adultos.

Es importante ocupar nuestro lugar de padre o madre y tomar decisiones, aunque te hagan sentir incomodidad; es el precio que tenemos que pagar los padres por educar en valores.

Como dice Joan Garriga en el libro *¿Dónde están las monedas?*: «Que los padres sean padres y grandes y que den, principalmente, la vida, y que los hijos sean hijos y que tomen. Que los hijos no se inmiscuyan en los asuntos de sus mayores. Que los hijos honren a sus padres, principalmente haciendo algo bueno con su vida, y por tanto renunciando a las implicaciones trágicas con los que sufrieron antes o fueron desterrados del amor familiar. Deben abandonar la tendencia a repetir los destinos fatales presentes en todas las familias».

A continuación, voy a describir los cuatro pilares básicos que trabajé con la familia de Emilia y Francisco y que los ayudaron a recuperar el timón de sus vidas adultas, a elevar su confianza, poner orden en su sistema familiar, así como a recuperar la conexión y la tranquilidad entre ellos.

1. **Reconocer patrones emocionales no resueltos**
   Emilia pudo revisar su propia adolescencia e identificó sus propias heridas emocionales, sus miedos y sus frustraciones e inseguridades. Reconocer que pasó por momentos de mucha incertidumbre y soledad durante su adolescencia la ayudó a ver que no quería que a su hija le pasara lo mismo. Ella sabía que quería evitar a toda costa que su hija lo pasara mal, pero las formas no estaban dando los resultados adecuados. Sus heridas se despertaban con situaciones de tensión con su hija, y, hasta que no fue consciente de ello, no pudo empezar a reconducir su reacción y responder de una forma autorregulada, con dominio mental y emocional.

2. **Fomentar la empatía hacia sus hijos adolescentes**
   Gracias al trabajo interior, Emilia pudo conectar con todo su mundo emocional y fue consciente de que la etapa adolescente trae consigo emociones intensas, inseguridades y muchos desafíos. Al reconocer esto de su propia vida, pudo comprender mejor a su hija, empezó a estar conectada a ella y dejó de juzgar o minimizar lo que le pasaba a Martina.

3. **Sanar y reconciliarse con el pasado**
   Emilia, gracias a su perseverancia y a su proceso de introspección, fue capaz de reflexionar sobre su adolescencia nombrando y sanando lo que vivió. Y se dio cuenta de que había vivencias que eran muy parecidas a cosas que le ocurrían a su hija. Eso le permitió reconciliarse primero con su adolescente interior y después conectar, comprender y acompañar mejor a su hija.

4. **Reconocer los logros y los aprendizajes**
Algo que habían olvidado tanto Emilia como Francisco era honrar y valorar sus logros y aprendizajes durante su propia adolescencia. Al hacerlo, pudieron entender que es una etapa de crecimiento personal, donde uno se puede sentir muy orgulloso de sus logros. Esto les permitió conectar con la superación personal que su hija estaba viviendo en ese momento, y conectar también con la confianza en ellos mismos y en su hija. Este punto es clave: valorar cada paso y cada esfuerzo que una persona adolescente hace es esencial para su desarrollo.

A continuación dejo las conclusiones a las que llegó Emilia con el ejercicio *Rainbow* de la adolescencia. Esta herramienta (que he adaptado de una de Edward de Bono sobre pensamiento lateral) te ayuda a elevar el nivel de conciencia para poder transformar la situación, comprometerte con el cambio y pasar a la acción para transformar la situación.

	¿Qué haría si tuviera?	**¿Lo tengo?**	**¿Qué puedo hacer?**
Empatía en momentos de tensión	No insistiría No contradiría	No	Relajarme y entender su postura
Compasión por la vivencia adolescente	Tratar de comprenderla	No	Preguntar Tratar de que se comunique
Liderazgo y fuerza	Intentar inculcárselo	Sí	No ceder

Comunicación clara y concisa	No me repetiría	A veces	Pensar bien cómo expresarme
Valentía	Enfrentarme al problema	Sí	Seguir informándome sobre la adolescencia
Conexión emocional	Tendría más empatía y la aceptaría como es	No	Seguir trabajando
Paciencia	Escuchar pausadamente	No	Relajarme y dar un paso atrás
Posición de adulto	Tener más paciencia	No	No ponerme a su altura

COMPARTE TUS DESCUBRIMIENTOS

He descubierto que necesito tener más empatía, tratar de detenerme a escucharla y comprender su malestar.

Me comportaba como una igual a ella y ahora lo voy a cambiar para ser la ADULTA y llevar el timón de las situaciones.

También comparto contigo un modelo en blanco del ejercicio para que puedas rellenarlo si quieres:

	¿Qué haría si tuviera?	¿Lo tengo?	¿Qué puedo hacer?
Empatía en momentos de tensión			
Compasión por la vivencia adolescente			
Liderazgo y fuerza			
Comunicación clara y concisa			
Valentía			
Conexión emocional			
Paciencia			
Posición de adulto			

¿Cómo se forma la identidad adolescente?

La fuerza del adolescente interior

La etapa de la adolescencia, que va de los diez a los veinticinco años, **es una etapa de liberación, cuestionamiento y hallazgos**. Es una puerta al descubrimiento espiritual y creativo del ser humano con la autenticidad de ser uno mismo separado de las expectativas de los padres.

La identidad de una persona adolescente está compuesta por tres pilares:

1. **La pasión y la espontaneidad por la vida:** conectar con la creatividad, el idealismo y la capacidad de soñar a lo grande es vital para poder expandir la identidad y salir de la identificación constante con el pasado. Sin embargo, el pasado no te define, el presente es un regalo y el futuro depende de lo que hagas hoy.
2. **Conectar con la energía transformadora:** es una etapa llena de fuerza y vitalidad, repleta de nuevos comienzos, y, si conectamos con la superación personal como si se tratase del «viaje del héroe», podríamos avanzar hacia esa persona que queremos ser.
3. **Búsqueda del «yo»:** durante esta etapa, está muy vigente la búsqueda de quién soy separado de mis padres; hay una necesidad de ir hacia la vida y descubrir quién he venido a ser en este mundo.

Recuerdo a una de mis alumnas, Andrea, de diecisiete años. Cuando la conocí, era una adolescente agobiada, sobre todo, por los estudios. Ella había elegido sus estudios universitarios, pero un día, en una de las sesiones de *coaching*, haciendo un ejercicio de derrumbar creencias limitantes, confesó llorando que ella lo que quería era bailar; quería ser bailarina, montar coreografías y festivales.

Me contó que se dejó llevar por la inercia de la familia y se matriculó en la universidad. Lo hizo para no defraudar a sus padres. En casa todos tenían carrera universitaria, y estaba mal visto no seguir esos pasos. Hasta que tomó una de las decisiones más importantes de su vida: dejar la carrera y hacer lo que le gustaba.

Al principio, fue un shock para sus padres y para su abuela, a quien ella admiraba muchísimo; aun así, los reunió a todos y, con lágrimas en los ojos, les dijo: «Bailar es lo que me hace más ilusión del mundo. Puede que no os parezca la mejor decisión, pero es mi decisión, y estoy dispuesta a equivocarme porque tengo que seguir mi sueño. Mi instinto me dice que, si no bailo, me apago, me entristezco. No os estoy pidiendo permiso, porque lo voy a hacer, pero me gustaría sentir que me seguís queriendo a pesar de no cumplir con vuestra expectativa de seguir estudiando en la universidad».

Hacerse mayor es ser capaz de sostener la incomodidad de no gustar a todo el mundo y elegir el camino que tu corazón te dicta, aunque parezca que todo está en contra.

Porque, cuando una persona adolescente o joven rompe con los patrones habituales de comportamiento y con las lealtades familiares y asume su destino, consigue su libertad. En la reunión de Andrea con sus padres y su familia, pasaron varias cosas. Sin embargo, quiero destacar los cuatro puntos que, a mi modo de ver, son los más importantes:

1. **Desarrollo de pensamiento crítico y autonomía intelectual**
   - Cuestionar los patrones familiares impulsó a Andrea a tener **pensamiento crítico**, lo que le permitió no aceptar creencias impuestas por su familia sin antes analizarlas.
   - Andrea se convirtió en una persona más **independiente mentalmente**, capaz de tomar decisiones con **criterio propio**.

2. **Mayor capacidad de adaptación al mundo actual**
   - Las estructuras familiares pueden estar basadas en valores de otra época, mientras que la sociedad actual demanda **flexibilidad, firmeza y creatividad**.
   - Al romper con modelos antiguos, Andrea se **adaptó mejor a la realidad actual**, siendo más innovadora, creativa y abierta al cambio.

3. **Construcción de una identidad propia**
   - Según Erik Erikson, durante la adolescencia se define la identidad. Romper con los patrones familiares que no la representaban ayudó a Andrea a **construir su propia identidad sin interferencias**.
   - Esto le permitió tener una personalidad más sólida y un sentido claro de **quién es y qué quiere en la vida**.

4. **Contribución social y liderazgo**
   - Al no repetir las estructuras impuestas por su familia yendo a la universidad, Andrea pudo innovar en su campo y **ser un agente de cambio en la sociedad**.

- Las personas que rompen con los patrones familiares suelen ser **líderes**, ya que han aprendido a cuestionar y a proponer nuevas formas de vivir y relacionarse.

Conclusión: la liberación como camino a la madurez

Cuando un adolescente rompe con las lealtades familiares que lo limitan, experimenta:

- **Madurez emocional:** aprende a tomar sus propias decisiones sin culpa.
- **Libertad personal:** se siente libre de vivir su vida sin la carga de las expectativas de sus padres, sus profesores o su entorno en general.
- **Autoaceptación y autenticidad:** se conecta con su verdadero ser, sin actuar por obligación ni tener que resignarse y apagar su voz interior.
- **Empoderamiento:** se convierte en dueño de su destino y construye relaciones y proyectos alineados con su esencia.
- **Mayor impacto en la sociedad:** tiene la capacidad de innovar, crear, liderar y contribuir de manera única al mundo.

Este proceso es clave para su evolución personal y le permite vivir desde la autenticidad en lugar de desde la repetición de patrones que no le pertenecen.

La adolescencia como transformación: beneficios de la autoexploración

Fui consciente en momentos fugaces de mi adolescencia de que no estaba preparada para salir de casa hacia el mundo. Sentía incomodidad y fragilidad en mi cuerpo, no sentía seguridad, y no sabía cómo escapar de esa sensación de miedo. Dejé de ser yo. Dejé de creer en mí. Dejé que los demás dictaran quién era y cómo debía ser. Dejé todo mi valor personal en manos ajenas. Ese momento fue como enterrarme viva en la oscuridad más absoluta. Me di cuenta muy fugazmente y, a pesar de eso, no supe qué hacer. Mi luz se apagó.

Recuerdo el día en que, en una de mis primeras relaciones de pareja, empecé a dudar de mí, a dar más importancia a mi pareja que a mí misma. En concreto, me viene a la memoria una noche de verano en que me vino a buscar a casa. Yo me había puesto un vestido veraniego rojo y me había maquillado suavemente y, al recogerme, me dijo: «¿Vas a salir así vestida y pintada?, pareces una puta».

El estado de shock en que me sumió fue tan brutal que, para poder sobrevivir, lloré. Fui al baño, me miré al espejo y me vi llena de lágrimas, con el rímel resbalándome por la cara, así que me desmaquillé, fui a mi habitación y me cambié de ropa.

Ese día perdí mi fuerza, mi integridad y algo dentro de mí se apagó, ahogándome en una tristeza absoluta. Me volvió a pasar: me di cuenta de que aquello no era bueno, me di cuenta de que no quería vivir esa situación, que tenía que haber otra manera; sin embargo, no sabía qué hacer para mejorar ni para salir de ahí. Era como si por un lado me diera cuenta de que por ahí no era, pero por otro no supiera qué podía hacer para escapar.

Veinticinco años después, entiendo por qué lloraba, y voy a sincerarme contigo. Yo ya estaba triste, mi niña interior ya tenía ciertas heridas, y esa persona que era mi pareja, junto con sus palabras, su forma de hablar y la situación específica, solo activaron un sentimiento interno reprimido.

Con el tiempo, he comprendido que el gran regalo de vivir una situación tan dramática fue el aprendizaje que me trajo. Los descubrimientos que hice sobre mí misma durante esa etapa son la reafirmación de por qué hoy me dedico a ayudar a las personas en la etapa adolescente a mejorar su vida. Espero que estos puntos te sirvan y te inspiren, igual que han ayudado a todas las familias con las que he trabajado.

En realidad, mi afán es que, a través de mi historia, encuentres tus propias respuestas a estas dos preguntas clave: «¿Por qué es importante conocer tu mundo interior?» y «¿Qué puntos de autoconocimiento podemos tener en cuenta al transitar la etapa adolescente?».

Los siguientes conceptos te ayudarán a ello:

Integridad

Aprender a respetar el criterio y los valores propios. En esta etapa es muy habitual querer complacer para encajar. En mi caso, pasé de no escuchar mi intuición a menospreciar mi propia voz interior, hasta que el grito de desesperación fue insoportable. Fue entonces cuando tomé la decisión de dejar atrás el gustar a todo el mundo y empezar a gustarme y respetarme a mí misma.

Identificar qué tipo de pensamientos tengo sobre mí

Poder ser consciente de la voz que habitaba en mi interior fue crucial para entender que una cosa es la voz y otra cosa es quién observa esa voz. Me alivió mucho comprender que soy más que mis pensamientos y mis estados emocionales. Comprendí que hay pensamientos que provocan malestar en mí, y que otros pensamientos me aportan paz. Curiosamente, me di cuenta de que en mis peores momentos, cuando más hundida estaba, siempre llegaba una vocecita interior que me decía: «Saldrás de esta, sigue adelante».

Alta gestión emocional y libertad emocional

Debemos entender que no somos nuestros estados emocionales, y, aunque no podemos cambiar la emoción que estamos sintiendo, sí podemos cambiar qué pensamos acerca del asunto que nos preocupa o inquieta.

Antes solía ser una persona con mucha agitación por las circunstancias, por el entorno. Parecía que todo me afectaba porque todo me dominaba. En este sentido, mi comprensión más reveladora ha sido comprender que no puedo cambiar mis estados emocionales, pero sí puedo dominar mi mentalidad acerca de lo que me pasa, es decir, puedo gestionar el autodominio de mis pensamientos. Comprender el proceso que siguen los pensamientos positivos o negativos a nivel emocional tiene mucha importancia, y aprender qué hacer para entrenar el autodominio me trajo bienestar y liberación.

Resiliencia frente a la adversidad

Cuando una persona adolescente se empieza a conocer, se hace nuevas preguntas y obtiene nuevas reflexiones. Así, yo pude empezar a superarme cuando me di cuenta de que podía mejorar mi vida, que no tenía por qué quedarme en un lugar donde no me trataban bien. Tomé decisiones con miedo y empecé a tener una mirada más amplia y profunda de la vida.

El valor de ser uno mismo

Una de las preguntas que le hago a mi alumnado en las sesiones de *coaching* de la Academia de Crecimiento Personal es: «¿Por qué eres valioso? ¿Qué hace que seas un ser valioso?». El mero hecho de reflexionar sobre ello ya trae implícito el valor. Recuerdo a una alumna, María, de catorce años, que respondió: «Porque sí, porque soy yo y no hay nadie como yo».

Conocer y conectar con los sueños, deseos y propósito

En mi adolescencia descubrí que, cada vez que me escuchaba, cada vez que me prestaba atención y valoraba mis opiniones y mi voz, podía conectarme con mi criterio, mi fuerza y mis ganas de vivir. Escribir siempre me ayudó a conocerme mejor. Cuando una persona adolescente escucha su interior, es capaz de conectar con aquello que le ilusiona y le entusiasma con un espíritu lleno de creatividad.

Rodearte de personas que te hacen bien

Como decía Jim Rohn en sus conferencias, «eres la media de las cinco personas con las que más te relacionas», y no le faltaba razón. Por eso, hacer la gran reflexión a temprana edad de que tu entorno de amistades sí importa y sí te va a condicionar puede ahorrarte muchos problemas. En mi caso, viví dos mundos muy polarizados durante mi etapa adolescente: aunque siempre tuve grandes amistades, las perdí cuando empecé a salir con mi primer novio. Por suerte, con el tiempo creé mi entorno nuevo y conseguí así tener mi grupo de amigas soñado, con las que viajaba y reía, y que me apoyaron mucho mientras salía de las tinieblas de esa relación.

Ir a lugares que te recargan de energía

Cuando estás en el lugar adecuado y con las personas adecuadas, te elevas y te cargas de energía, pero también puede ocurrir lo contrario. Yo pasé demasiado tiempo en un entorno donde perdí brillo; sabía que no era mi lugar ni el entorno para poder expandirme, pero no sabía cómo salir de ese bucle. Por fin, un día, algo cambió en mí: me levanté una mañana y, ya en la estación, cuando iba a coger el tren, me quedé parada en el andén. No cogí el tren. Ese día, tomé una decisión que cambiaría por completo mi vida. Fue entonces cuando empecé a vivir mi vida sin miedo a mi novio; me desapegué por completo de esa relación y empecé a descubrir quién era realmente.

Hacer cosas que cuidan de ti

El regalo más bonito que descubrí en todos los años de mi adolescencia es, sin lugar a dudas, el conocerme a mí misma, el priorizarme sin pedir perdón por ser quien soy. Hacer un viaje de autoconocimiento requiere de valentía y de ganas de descubrir qué soy capaz de hacer en realidad. Una persona adolescente tiene dos mundos por descubrir: el primero, su mundo interior, y el segundo, el mundo en el que vive.

La autoexploración, aprender a escuchar el mundo interior, es un componente esencial para construir una vida plena, y quiero que tanto tú como tu adolescente encontréis la forma de reconectar.

Herramientas para sanar
a tu adolescente interior

Te invito a indagar en tu corazón, en tu historia de vida para comprender a tu hijo adolescente en este momento de su vida. Mi recordatorio a todas las familias que llegan a la consulta o a las formaciones es que **la adolescencia de tu hijo es una invitación a transformarte**.

Las herramientas de autoconocimiento que describo a lo largo de este libro van a traerte claridad, elevarán tu nivel de conciencia y podrás descubrir parte del trabajo que hago con las familias que llegan a mis procesos de MTF o mentoría de transformación familiar.

Podemos utilizar un paralelismo entre las tres fases del juego en el fútbol y las tres etapas de la adolescencia:

- **Iniciar:** la adolescencia empieza, y con las herramientas de este libro podrás iniciar la etapa con un foco muy claro: ganar bienestar.
- **Construir:** o estás construyendo o estás desintegrando la relación. Todos los ejercicios y herramientas serán una invitación a darte cuenta de que el gran cambio está en ti: tú puedes transformar y construir constantemente una buena relación.

- **Finalizar:** cada momento del día, cada asunto de la vida familiar puede ser valioso y, según cómo lo manejemos, puede ayudarnos a mejorar como personas. Con este enfoque, no puedes fallar.

Mi recomendación es que tengas siempre junto a este libro un diario o tu libreta preferida, y que vayas indagando en cada herramienta. Solo te pido que abras tu corazón y dejes que cada ejercicio vaya calando en tu interior, porque habrá un momento en el recorrido de este, no se sabe cuándo, en el que tendrás grandes comprensiones. Quiero que sepas que estoy aquí contigo; igual que he trabajado con centenares de familias, voy a acompañarte a ti.

A continuación, te invito a hacer el ejercicio «La carta a mi adolescente interior».

EJERCICIO

Encuentra un lugar tranquilo y regálate este momento de sanación del alma; el ejercicio de la carta es muy poderoso porque vas a poder hablar, quizá por primera vez, con tu adolescente interior. Te recomiendo que cierres los ojos antes de empezar a escribir, hagas diez respiraciones profundas y pidas por una escritura de claridad y sanación.

Es un ejercicio muy poderoso porque es un viaje en el tiempo en el que vas a hablar directamente con tu adolescente interior. Mi recomendación es que utilices estas cuatro afirmaciones que abren las puertas del corazón: **«Lo siento», «Perdóname», «Te amo» y «Gracias».**

Empieza la carta escribiendo «Lo siento» y todo lo que necesites decirle, después sigue con el «perdóname» y escribe lo que necesites que sea perdonado, luego continúa con «te amo» y explícale por qué lo amas y, finalmente, termina la carta dándole las gracias. Lo mejor es que te dejes llevar, y las palabras saldrán solas.

Una vez que hayas escrito la carta a tu adolescente interior, guárdala en un lugar especial. Si tienes un altar de manifestación, o en la mesita de noche tienes unas velas con tu diario de gratitud, déjala allí unos días; eso ayudará a conectarte con tu espíritu adolescente.

Para terminar este capítulo, quiero proponerte un ejercicio para compartir en familia que puedes ir implementando poco a poco. No lo hagas de golpe porque resultaría un poco extraño. Se trata de crear un puente generacional compartiendo tu historia con tus hijos. **Así, trata de encontrar en el día a día momentos para compartir vivencias, sueños, ideas o experiencias del pasado haciendo reflexiones que muestren parte de quien eres a tus hijos.**

Cuando las familias empiezan a introducirlo y a establecer el hábito de compartir historias del pasado, se crea una atención y un entusiasmo por conocer más cosas de los papás y las mamás. Te sorprenderá el interés que puede tener tu adolescente en quién eras, qué te pasó, qué historia superaste, qué hacías cuando sentías miedo y un sinfín de información que es de vital importancia compartir para saber quiénes somos.

Y ten en cuenta que todas las herramientas que propongo tienen un objetivo claro: conocerte a ti mismo, pues solo así podrás transitar la etapa adolescente con firmeza y serenidad. Recuerdo el caso de una familia en la que el padre me dijo a la tercera semana de la mentoría de transformación familiar: «Carmina, ahora entiendo por qué estás trabajando solo con nosotros. Porque yo soy el responsable de todo lo que pienso, siento y hago dentro de mi familia, y solo yo puedo cambiarlo».

Me pareció una conclusión sublime, y más tras solo tres semanas de trabajo. Esta familia redujo los conflictos del 90 al 3 por ciento. Las familias que han hecho estas dinámicas conmigo me han conectado con la paz y con una sensación de liberación, han elevado su estado de conciencia, han conectado con su hijo adolescente, han conseguido una conexión profunda con su adolescente interior, y eso las ha ayudado a entender más y a mejorar la relación con su hijo al cien por cien.

2

AHORA QUE SOY PADRE O MADRE DE UN ADOLESCENTE, ¿QUÉ?

Ya no es un bebé ni un niño: el apego seguro como antídoto

«En qué momento se ha hecho mayor y no me he dado cuenta...», me decía una madre muy agobiada un sábado en el que su hijo le manifestó que prefería quedarse un rato más con sus amigos antes de subir a casa. Habitualmente, los sábados tenían el ritual de hacer pizza juntos, pero ese día todo cambió. Ya no hubo día de pizza porque los intereses de este adolescente cambiaron de un día para otro.

Puede que la transición de la niñez a la adolescencia se produzca de golpe o puede que sea algo más gradual; de lo que no cabe duda es de que hay un momento en que como padre o madre te das cuenta de que tu hijo ya no es el mismo niñito de antes. Ahí es cuando tomas conciencia de que **nada va a ser igual**, y yo quiero que estés preparado para transitar esta etapa de transformación y cambio.

Recuerdo perfectamente que era jueves cuando recibí la llamada de una cantante a la que vamos a llamar Laura. Yo la había conocido hacía años, cuando, en plena adolescencia tardía (de los diecisiete a los veinticinco años), trabajé como secretaria de dirección de una de las discográficas independientes más exitosas del país, Vale Music.

En esa época, siendo una joven adolescente de dieciocho o diecinueve años, conocí a muchísima gente, y conservo estupendas amistades de esa etapa. Recuerdo que me sentía orgullosa de formar parte del equipo de Vale Music, y me encantaba trabajar para mis tres jefes. Ahí amplié mi sentido de organización y coordinación, mi capacidad de enfocarme en las soluciones y el talento por servir y ayudar empezaron a desarrollarse de forma natural durante los siete años que trabajé como asistente de dirección.

Pero volvamos a la llamada; me sonó el teléfono, le di al botón verde y al otro lado escuché:

—Hola, Carmina, me han dicho que ahora eres *coach* de adolescentes y mentora familiar, y eres justo lo que estaba buscando. Quiero brindarle a mi hija todos los medios de inteligencia emocional y crecimiento personal posibles, pues estoy preocupada por ella. Me conoce mucha gente, y no quiero que mi vida privada, y menos la vida de mi familia, esté en boca de nadie. Te llamo porque he sentido algo últimamente con mi hija.

Después de eso, se quedó en silencio. Al otro lado del teléfono solo se escuchaban sollozos y golpes de exhalación, como quien está llorando pero quiere aguantarse.

Seguí atenta. En total presencia. Conectando con ella y con la información que me llegaba a través de ella, mientras continuaba:

—Carmina, estoy muy muy triste. Había creado la mejor relación que se puede crear con una hija. De niña era tan cariñosa, estábamos tan unidas..., y ahora la adolescencia lo ha arrasado todo, como un tsunami. No nos conectamos, no hablamos si no es para discutir, no quiere estar conmigo, me detesta. Me rechaza. Y me siento triste y avergonzada de cómo terminamos discutiendo, gritando, sin la alegría y la conexión que antes teníamos. Este verano incluso no ha venido ningún día a la playa conmigo. Ha preferido quedarse en casa y bajar a la playa cuando yo ya volvía. Y no lo llevo bien. No quiero hacer un drama, pero necesito tu ayuda. Eres la persona idónea para acompañarnos. Además, sé que vais a conectar. Y eso, en este momento, para mí es importante, porque, si ella no conecta con la persona que la acompaña, no hay nada que hacer. Hemos ido a varios centros de psicología, pero no es lo que estoy buscando ahora. Ahora quiero otro enfoque y que ella pueda hacer un proceso de crecimiento personal y de mentalidad, y sé que tú te dedicas a esto.

Quiero compartir todo lo que hicimos en el proceso de transformación familiar en este caso porque te va a servir para aplicarlo en tu vida, te va a aportar claridad y serenidad. Lo que voy a explicarte aquí está probado y ha funcionado en esta familia, y en muchas otras, y puede que te inspire a ti a cambiar tu situación.

Una de las cosas que le dije a Laura es que, basándome en mi experiencia de más de una década, el problema nunca es el problema. Así que había llegado el momento de mirar hacia dentro, tanto a nivel personal como a nivel familiar, y trabajar en una indagación que tenía una sola dirección: ir hacia el interior y construir algo nuevo.

Lo primero que vio Laura es que había puesto el foco en su hija; estaba sumergida en la sensación de que las cosas iban mal y había perdido la tranquilidad y la serenidad en general.

Al inicio de la mentoría de transformación familiar, un proceso de seis meses de duración por el que pasan las familias que llegan a mí, Laura consiguió dar tres pasos importantes:

1. Una reflexión inicial de cuál era el asunto que realmente tenía entre manos con un cambio de percepción.
2. El duelo de aceptar que su hija ya no era esa niñita pequeña.
3. La aceptación del puente hacia la libertad de ambas.

Una reflexión inicial y un cambio de percepción

El primer enfoque fue llegar a la conclusión de que el problema no estaba en lo que su hija hacía, sino en el relato que Laura se contaba sobre ello, en cómo lo interpretaba a nivel mental, en qué estado emocional lo evocaba y, acto seguido, en qué conducta o acciones ejecutaba condicionada por su forma de mirar el asunto.

Al inicio, toda la carga y la culpa de todos los males que estaban viviendo en casa los atribuía a su hija. Era necesario cambiar ese enfoque cuanto antes porque estaba saturando el sistema familiar. Por un lado, la adolescente, con quince años, se estaba distanciando y desconectando de su madre y su padre. Por otro lado, parecía que la adolescente había tomado posesión de la fuerza y el poder dentro de la familia. Esta situación provocaba que todos tuvieran reacciones desbordadas en casa, y lo peor de todo era que la adolescente se estaba desconectando de sí misma.

Una de las primeras dinámicas que le invité a hacer a Laura fue «La rejilla de las áreas más importantes de mi vida», un ejercicio precioso y muy inspirador que aprendí de mi *coach* de alto rendimiento, Israel Romero, el único instructor español de Bob Proctor, escritor conferenciante y *coach* que se convirtió en una figura legendaria tras aparecer en la película *El secreto*, basada en el *best seller* de Rhonda Byrne.

Te invito a hacerlo porque te dará una visión muy elevada de cómo estás en las diferentes áreas en tu vida, y te traerá comprensión absoluta de dónde tienes puesto el foco y por qué estás como estás.

EJERCICIO

Lo primero que me dio Israel fue una rejilla con nueve cuadrados en blanco que me recordó el tablero del tres en raya, y me dijo que tenía que elegir las áreas más importantes de mi vida, aquellas a las que dedico más tiempo, más energía y más atención. Y el cuadrante del centro no es negociable, es el área de la relación contigo mismo. Es esencial que al hacer este ejercicio seas muy específico, y no lo hagas genérico, sobre todo cuando hables de las personas importantes. Por ejemplo, no pongas «familia», pon «mi hijo Dídac», «mi pareja».

Una vez terminado, se trata de puntuar del 0 al 10 el nivel de satisfacción en relación con cada área (0 es muy poca satisfacción y 10, mucha satisfacción). Este ejercicio, como todas las prácticas de reflexión, requiere honestidad con uno mismo. Su objetivo no es gustar a nadie, sino descubrir algo que al final será desvelado.

La rejilla de las áreas más importantes de mi vida

Mi salud Primer nivel de satisfacción: 6	La relación con mi pareja	La relación con mi hijo
La relación con mi hija	Mi relación conmigo misma	Papá
Mamá	Mis clientes	El dinero

Una vez escritos los niveles de satisfacción sobre cada área de tu vida, te invito a hacer uno de los ejercicios más importantes para autorregularte, sanar y cambiar la perspectiva de las cosas: la gratitud.

Lo haremos fácil: vamos a escribir tres frases de gratitud por cada área. Es decir, tres frases donde das las gracias a esa persona o área que has escrito y el porqué. El porqué es esencial para que puedas conectar con tu emoción.

Y, al terminar de escribir las frases, vamos a pasar a la última parte del ejercicio.

Vuelve a leer las frases de gratitud de cada área y cierra los ojos mientras conectas contigo y repites tres veces la palabra «gracias» con lentitud y conexión. A continuación, puntúa del 0 al 10 el nivel de satisfacción. Así cerrarás este pequeño ritual de agradecimiento.

Cuando hayas terminado, quiero que compares las valoraciones de satisfacción y que reflexiones sobre de qué te has dado cuenta. Puedes responder a estas preguntas:

- Cuando has puntuado la primera vez, ¿dónde tenías puesto el foco?
- ¿De qué te has dado cuenta mientras escribías las tres frases de gratitud?
- Cuando has puntuado la segunda vez, ¿qué ha cambiado respecto a la primera vez que puntuaste?
- ¿Cuál es el descubrimiento que has hecho con este ejercicio?

Reflexión: las áreas son las mismas en la primera y la segunda parte del ejercicio. De modo que no ha cambiado nada fuera, pero un cambio en tu interior lo transforma todo por completo. No pierdas está percepción, porque puede ayudarte mucho a mejorar tu vida en cuestión de minutos.

Con este ejercicio, Laura tomó conciencia de que había áreas de su vida muy importantes y que estaban abandonadas, que había puesto mucho ahínco en las áreas de su hija, de su marido y su profesión, pero su nivel de satisfacción en general era muy bajo. Se dio cuenta de que el área más importante de su vida, es decir, la relación consigo misma, su cuidado, su bienestar estaba a un nivel muy bajo de satisfacción. Solo cuando hizo el ejercicio de la gratitud pudo darse cuenta de que lo tenía todo, y que se había olvidado de valorar lo más importante.

Vamos a partir de la base de que, en esta etapa de la vida, y en todas, **si tú no estás bien, si tú no eres una central eléctrica de bienestar, no vas a poder dar bienestar ni recibir bienestar de los demás**. Es por la ley de causa y efecto.

El duelo de aceptar que su hija ya no era esa niñita pequeña

Mientras los padres hacían su parte del proceso de transformación familiar, inicié unas sesiones de *coaching* emocional y mentalidad con la hija de Laura.

El objetivo de estas sesiones era el crecimiento personal en todo su esplendor. Elevar la confianza, la seguridad en sí misma de la adolescente, y tener herramientas para gestionar sus estados emocionales. En definitiva, que pudiera creer en sí misma y sentirse invencible.

Ahora, la hija de Laura ya no era la niña bebé de la primera infancia, y fue muy importante que los padres hicieran las paces con esa idea, sabiendo que **no podemos volver al pasado y que ahora es necesario adaptarse al cambio** lo antes posible. Si te aferras al pasado, vas a sufrir demasiada melancolía, y no hay tiempo que perder.

La hija de Laura necesitaba a una mujer adulta y madura a su lado que la acompañara y guiara con las necesidades que tenía ahora. Y sus padres tenían que comprender que una de las necesidades más arrolladoras de la adolescencia es la libertad de ser uno mismo, y este afán de querer ser quien quiero ser no va en contra ni de los padres ni de las madres, es solo parte de la transición de la adolescencia.

Una decisión: hacia la libertad de ambas

Cuando una familia decide que quiere mejorar, da un paso adelante, pero no mejora hasta que toma la decisión de hacerlo; es más, lo que marca la diferencia es que las familias que mejoran hacen lo que las familias que están en el malestar no quieren hacer. Es decir, **una cosa es querer mejorar y la otra es activar las acciones que te llevarán a ese estado de mejora**. Y, normalmente, esas acciones que hacen mejorar el sistema familiar al principio son incómodas porque no son habituales. Sin embargo, las familias que las integran, las aplican y las repiten ganan una mejora general en su relación. Y, mediante la repetición, las asientan como hábito nuevo de relación familiar, por lo que consiguen transformar el patrón de relación y se instalan a vivir en el bienestar. Eso no quiere decir que no vayan a tener problemas, eso significa que tienen recursos para afrontarlos y una actitud de solución frente a los desafíos de esta etapa.

Laura es una mujer muy comprometida, y tomó la decisión, confió en ella misma y en el proceso de transformación familiar y el resultado fue increíble.

Quiero puntualizar algo que sé que preocupa a muchas familias: ¿y si uno de los dos adultos, en el caso de las familias biparentales, no quiere avanzar, o, como dicen algunos padres o madres: «No creo en estas cosas»? Voy a aportar un prisma que va a traer claridad a esta situación si te pasa, porque recuerdo el caso de una mamá que me dijo: «Es que mi marido no quiere hacer nada de todo esto, ni cursos, ni libros, ni crecimiento personal, así que yo tampoco voy a hacerlo porque sería absurdo». Y le respondí tres cosas:

1. Si tu pareja quiere seguir bebiendo cervecitas y comiendo grasas y hamburguesas, ¿tú vas a hacer lo mismo? ¿Y vas a dejar de comer sano, prepararte verduritas y salir a caminar porque tu pareja ha tomado

la decisión de no cuidarse? No dejes en manos de otra persona tu bienestar ni el de tu familia, aunque esa persona sea tu pareja.

2. ¿Estás tomando una decisión o estás poniéndote una excusa para no sentirte incómoda?
3. La única persona que puede mejorar su vida es uno mismo, y así te conviertes en el ejemplo que seguir de toda tu familia.

Volvamos a la familia de Laura y a su hija:

Pasaron de la fricción diaria por cualquier tema cotidiano a querer estar juntas hablando en la habitación.

De no escuchar y poner caras de desprecio sobre lo que la madre quería decirle a mirar a su madre con alegría y admiración.

De pasar más horas en su habitación sola con la tableta a pasar más tiempo fuera de su habitación, en el sofá de casa haciendo bromas con su padre.

Cabe destacar el trabajo personal en paralelo que hizo la hija de Laura y que fue crucial para ayudarla y mejorar su vida. Esto es esencial, porque he observado que, en la etapa adolescente, el cerebro sufre una metamorfosis, y es muy efectivo que una nueva figura de guía acompañe a la persona adolescente, porque, al ser «alguien nuevo», va a resultarle atractivo y le va a interesar. No podemos olvidar que el cerebro adolescente es curioso por naturaleza y está preparado para la novedad; es más, se nutre de experiencias no conocidas para poder activar nuevos aprendizajes.

Y todo lo que trabajo en las sesiones son «novedades» que el cerebro acoge con ganas e impactan en su mente y su corazón. Pero ¿a qué me refiero exactamente con «novedades»?

Una persona adolescente todavía está en una fase muy emocional, su cerebro límbico es el que pilota su vida, por lo tanto, llegar a emocionar para conectar será crucial. El entusiasmo, la pasión y el juego bien dirigido serán elementos clave para llegar a su corazón e influir en su vida.

Las áreas del método que trabajé con la hija de Laura fueron las siguientes:

EL DOMINIO DE SÍ MISMO

¿Quién soy más allá de lo que hago, sé, tengo o se ve de mí? ¿Quién elijo ser ahora que soy un ser diferente a mis padres? Comunicación eficaz con las demás personas.

LA MOTIVACIÓN

La automotivación para conseguir los objetivos que nos proponemos. Desarrollo de la capacidad de SOLUCIONAR problemas cotidianos, o incluso para trabajos académicos, proyectos y planificación del futuro.

EL AUTOCONTROL

Herramientas que llevan a la toma de conciencia emocional y a la gestión inteligente de las emociones propias y de las de los demás. Solucionar los conflictos interpersonales.

FOCO

Identificación de mis pasiones y talentos predominantes. Orientación del futuro académico con respecto a mis potencialidades.

ESCUCHA ACTIVA

Técnicas para estar en el presente, disfrutar del proceso, ser consciente de los sistemas a los que pertenezco y cómo me influye y puede influir.

GESTIÓN DEL TIEMPO

Desarrollar las habilidades necesarias para poner en marcha mis objetivos con compromiso y responsabilidad. Ser constante en mis actividades (responsabilidad, compromiso y perseverancia).

PROPÓSITO

Tomar conciencia del PARA QUÉ en la vida y cómo puedo ponerlo al servicio de los demás según la etapa en la que me encuentre. El logro de la felicidad.

La base de todas estas áreas radica en conseguir bienestar, una fuerte autoestima, confianza en uno mismo, y que crean que son únicos, valiosos y capaces.

Así, en menos de cinco meses y trabajando las bases de la metodología, la hija de Laura consiguió:

- Cambiar de amistades, pues las que tenía no la hacían sentir importante ni valiosa, pero no sabía cómo salir de ahí.
- Soltar el rol de tener que gustar a todo el mundo.
- Aumentar su confianza y seguridad.
- Volver a sentirse digna de amor.
- Cuando llegaba a casa, su movimiento era de ir a hablar con su madre.
- Tener ganas de mantener conversaciones profundas con mamá en la habitación.

- Sacar su parte más cariñosa en casa, aunque estuviera de mal humor por alguna cosa que le pasaba en ese momento.
- Gestionar sus estados emocionales y comprender que estar rayada por algo no le da derecho a infligir un daño a las personas que más quiere de su familia.

Cuando padres y madres valoran y respetan a su adolescente y empiezan a cambiar y transformar su conducta, su mentalidad, su estado emocional y vibratorio, automáticamente están transformando el patrón relacional.

He acompañado a muchas familias que habían normalizado ciertos comportamientos dañinos como algo habitual en la familia, y en los acompañamientos que hago es uno de los no negociables: el trato exquisito es un distintivo de la casa y, si lo aplicamos, no podemos fallar.

¿Cuál es el gran secreto del cambio en la relación de Laura con su hija?

Aparentemente, la transformación de la familia de Laura fue fácil, y no digo que no lo sea, lo que quiero destacar es que, a veces, los recursos o herramientas son tan sencillos, los tenemos tan cerca que no les damos el valor real que tienen, por eso parece que haya algún secreto. Pero tengo la experiencia de que en el 90 por ciento de los casos con las familias con las que trabajo, tras las primeras tres sesiones, ya aprecian cambios en su adolescente, porque quienes cambian son los adultos. Así que el secreto es que no hay secreto, hay un trabajo de cambio de mentalidad, estado emocional, se modifican las acciones y las conductas, y esto hace que los resultados cambien. No es magia, es decisión y responsabilidad.

Recuerdo el cambio radical de otra familia muy querida cuyos padres eran dos personas conocidas que hicieron la mentoría de transformación familiar conmigo durante seis meses.

Cuando llegaron a mí, se sentían llenos de dudas, inseguros por cómo estaban educando, y se preguntaban si lo hacían bien o mal. El miedo y la preocupación estaban latentes en la familia. La fricción por diferentes asuntos del día a día era un patrón establecido, discutir y no ponerse de acuerdo se había convertido en algo habitual, gritarse y tratarse con desprecio estaba normalizado en casa, y no es que quisieran tratarse mal, es que no sabían relacionarse de otra forma.

Los padres se daban cuenta, querían mejorar, pero no sabían cómo. Además, había muchísimas diferencias y choques entre la pareja a la hora de poner límites o tomar decisiones.

Estando de vacaciones, un buen amigo suyo les habló del método MTF (mentoría de transformación familiar) de Carmina Benamunt y les dijo que quizá podría serles útil, así que me llamaron. Acordamos que nos veríamos y los informé de todo. Quedaron mudos cuando les expliqué todo el proceso. Recuerdo que Lorena, la madre, dijo: «Esto es un viaje». Y sí que lo es.

Después de sumergirse en la mentoría de transformación familiar, los cambios son inevitables si cada uno hace su parte del trabajo, y Lorena y su marido lo hicieron con total minuciosidad. Su alto nivel profesional les facilitó el rigor a la hora de seguir la metodología y los pasos que yo les iba indicando después de cada sesión.

Vi a toda la familia; es una labor fascinante ver cómo empiezan y cómo terminan la mentoría. No son los mismos. Todos han crecido. Se miran con otros ojos, solucionan los problemas con una destreza en gestión emocional asombrosa, y eso eleva los niveles de bienestar en general dentro de la familia.

Me contaron al terminar que ahora, cuando van a solucionar algo, utilizan un anclaje que les cambia la percepción. (Un «anclaje» es un recurso que en programación neurolingüística se utiliza para activar y en el que asociamos una palabra o un gesto con una acción). Y ahora, cuando los padres tienen un problema o están en bucle, se dicen el uno al otro: «Haz un Carmina», la frase que han convertido en anclaje. «Hacer un Carmina» es mirar las cosas desde otro ángulo, incluyendo todas las herramientas y recursos que han trabajado. Este es su clic para aplicar lo aprendido, salir del patrón educativo antiguo y probar una nueva solución.

Es una nueva programación mental, emocional y de acción; solo de este modo el resultado puede cambiar. De no ser así, repetirían el patrón, y son muy conscientes de que una buena mentalidad siempre se enfoca en las soluciones, y, si no existen, las crea. Esto es «hacer un Carmina». Es una forma sencilla de hackear y reprogramar la actitud de las personas.

El paso de la primera infancia a la adolescencia marca un cambio profundo, no solo en los hijos, sino también en los padres. Las dinámicas familiares cambian, las necesidades emocionales de los hijos se transforman, y esto requiere una nueva perspectiva.

En mi experiencia, **parte del malestar en las familias está en el miedo y el control** que a veces los padres y las madres ejercemos de forma inconsciente. Llega el momento de hacer una buena transición a la etapa de la adultez de tu hijo desde un lugar de firmeza y de flexibilidad, pero para ello necesitamos plantearnos dos preguntas.

La primera pregunta tiene que ver con descubrir: **¿cómo está el vínculo y cómo puedo repararlo o mantenerlo seguro de ahora en adelante?**

La segunda tiene que ver con la relación: **¿cómo está la relación? y ¿de qué forma puedo ser la palanca que mejora la relación?**

Después de más de diez años acompañando a familias en la etapa adolescente y aplicando distintas disciplinas del desarrollo personal, así como un sinfín de formaciones, he podido observar que las familias que llegaban tenían una situación y un patrón de relación muy asentado, pero que a los pocos meses transformaban el vínculo y la relación. Asimismo, también he percibido que hay un factor común en todas las familias: **querían mejorar, pero también me di cuenta enseguida de que querer no era suficiente**, porque había familias que querían mejorar, lo decían por activa y por pasiva, y, sin embargo, no hackeaban el sistema. Es decir, seguían con los mismos patrones mentales, emocionales y de conducta y acción, de modo que obtenían los mismos resultados que antes.

Eso me llevó a observar las nuevas maneras de vincularse y de relacionarse de las familias con las que trabajaba, porque lo más importante de la transformación familiar es que se daba una nueva construcción tanto en el cuidado del vínculo como desde dónde empezaban a relacionarse.

Junto con las familias, documenté quincenalmente los resultados que iban teniendo. Observaba y me preguntaba por qué algunas familias habían mejorado tanto en tan solo quince días y por qué otras se habían estancado.

Responder estas preguntas me tenía un tanto obsesionada, porque mi afán era encontrar la fórmula para poder ayudar a más familias, a más personas. Mi pensamiento recurrente era: si esta familia mejora, si mejora el entorno familiar, la persona adolescente se sentirá mejor, vivirá más feliz, y eso hará que su vida vaya mejor, tome mejores decisiones, no se meta en líos y haga del mundo un lugar mejor.

Y, como me enfoqué en encontrar la fórmula, eso es precisamente lo que encontré después de once años. Este proceso ha sido de los más enriquecedores de mi vida, pues, de forma paralela, yo he seguido mi desarrollo personal, y justo esto es lo que más me ayudó a dar con una clara metodología, cuyas bases te estoy transmitiendo en este libro. Es uno de los regalos más brutales que he podido vivir como *coach* de adolescentes y mentora de familias: observar y experimentar la evidencia de que, pasara lo que pasara en las familias, transformaban la manera de vincularse y de relacionarse.

En este punto cabe recordar que, según Daniel J. Siegel, el apego entre padres, madres e hijos no está tallado en piedra. Aunque lo parezca. Aunque a veces duela como si lo estuviera. Aunque sea una creencia aceptada. Y este autor lo recuerda con una ternura que alivia en momentos de frustración o desesperación, así que seguro que te va a ayudar mucho leer esto: «El apego no es un destino, es una posibilidad. El apego siempre está presente. Es una gran oportunidad».

En su libro *Tormenta cerebral*, Siegel nos abre la mirada para comprender que la adolescencia no rompe los lazos, los redefine. Quiero que tengas en cuenta que esta etapa de presión, contradicción y silencio no es una señal de ruptura, sino una llamada, urgente y silenciosa a veces, para reconstruir el puente. Para mirar de nuevo. Para escuchar distinto.

Recordemos que Siegel habla de **cuatro estilos de apego: seguro, evitativo, ambivalente y desorganizado**. Y lo más esperanzador es que no son fijos para siempre. Incluso si el vínculo se forma con inseguridad o heridas, que puede ser lo más habitual, **puede transformarse**. Porque el enfoque que quiero traer aquí es que lo importante no es lo que fue, sino lo que hacemos a partir de ahora. Veo a muchas familias muy bien documentadas, que se saben perfectamente la teoría de los apegos, pero tienen una mala praxis. Es decir, se quedan con la teoría, dicen: «Es que tiene apego evitativo, por eso hace esto». Y se quedan ahí. Mi recomendación es darte cuenta del tipo de apego que hay, ser consciente y al mismo tiempo empezar a trabajar y entrenar nuevas habilidades de vincularse para transformar este apego. Porque ya lo hemos visto antes: el apego no es el destino final, es una posibilidad viva, está siempre presente y es una gran oportunidad para mejorarlo.

El autor insiste, con el rigor de la neurociencia y la calidez de quien acompaña desde el alma, que **el apego puede cambiar**, por una simple razón: porque tú puedes cambiar. No importa cómo haya sido antes. Aunque haya habido gritos, desconexión o distancia, siempre se puede volver a empezar, a construir, a diseñar un mundo nuevo en esta etapa y en la vida.

¿Cómo? Cambiando la mirada. Cambiando la mentalidad. Cambiando la manera de ser y estar.

El cerebro adolescente, en plena construcción, necesita adultos que no se aferren al control, sino a la conexión.

Madres y padres que, en lugar de reaccionar, respondan. Que, en lugar de imponer, sepan acompañar. Que no exijan explicaciones u obediencia, sino que ofrezcan comprensión y se enfoquen en ser la palanca del cambio y parte de la solución.

Porque **el apego seguro no se construye con perfección, sino con presencia**. Y Siegel lo repite con firmeza: «Nunca es tarde para reparar».

Un abrazo puede ser un nuevo inicio. Una conversación distinta, una oportunidad, y una disculpa sincera; una semilla hacia esa nueva relación.

En medio de la tormenta adolescente, puedes reforzar los lazos de conexión. No como eran antes porque ya no es aquel niño, sino más fuerte, más real, más humano. Y eso no sucede por casualidad: sucede cuando hay madres o padres que se atreven a cambiar su forma de ser y estar, a modificar su mentalidad, a transformar su estado vibratorio emocional y, por ende, sus acciones, lo que genera un nuevo resultado dentro del sistema familiar.

Cuando padres y madres hacen este cambio, acaban dándose cuenta de que el verdadero poder no está en tener razón, ni en juzgar, ni en culpar, sino en elegir el vínculo, una y otra vez. Elegir construir una y otra vez. Elegir, como veremos más adelante, «hacer un buen pase» dentro de la fase de construcción.

Y así, paso a paso, construimos un nuevo puente. Esta vez con más verdad, más escucha, más amor del que no necesita palabras.

El principio de la responsabilidad y las tres fases al entrar en la adolescencia

La adolescencia es una transición que tiene tres fases importantes:

1. Iniciar

¿Cómo iniciamos la etapa adolescente para que no sea tan dramática? **Hay que adaptarse al cambio lo antes posible.** Aceptando que la etapa de la infancia ya ha transcurrido, preparando una buena despedida y bienvenida para la etapa que va a iniciarse ahora. Es como hacer una mudanza; a veces se siente mucho agobio por los cambios y por el trabajo que comporta, pero, cuando ya estás instalada en la nueva casa, con tus cosas ordenadas, todo es más fácil.

2. Construir

¿Cómo construimos un puente lleno de firmeza y seguridad entre tu adolescente y tú? Quiero destacar que **esta etapa es una oportunidad para formar un vínculo más profundo, basado en la confianza, el respeto mutuo y en dejar ser al otro.** Tengo varios casos de familias que han activado este movimiento natural y, así, antes estaban distantes e irascibles, mientras que ahora se abrazan, comparten conversaciones tranquilas en la cocina, se tumban en la cama con papá o mamá y se miman, literalmente. Y parte del éxito está en la construcción. Aquí es muy importante entrenar nuevas habilidades de conexión y comunicación para poder llegar a su corazón. «Hacer un buen pase comunicativo» va a facilitar mucho las cosas en casa.

3. Finalizar

¿Cómo sé que la etapa de la adolescencia ha concluido? **Cuando eres padre o madre nunca dejas de serlo**, lo que sí hacen los padres y madres es apelar al principio de la responsabilidad, sobre todo en esta etapa, porque eso le da a cada individuo la capacidad de responder sobre sus palabras, su pensamiento, sus emociones y sus actos y, por tanto, de sus resultados.

Parte de los conflictos que veo en las familias son precisamente por un error muy común: no hacer un buen uso del **principio de la responsabilidad**.

Cuando tuve a mi primer hijo, recuerdo tardes enteras en el parque mientras observaba desde la arena; sí, yo era de las madres que se sientan en el suelo, se ensucian las deportivas y los vaqueros y se quedan observando. Mi hijo iba y venía. Y una tarde hubo una niña que, al tirarse por el tobogán, se dio un golpe en la cabeza; su abuela fue corriendo y le dijo mientras lloraba: «Nada, nada, esto no es nada, tobogán malo». Y le dio un golpe al tobogán. La niña seguía llorando y se tocaba la cabeza con la manita. Y la abuela seguía repitiendo: «Nada, nada, esto no es nada, tobogán malo». Y otro golpe al tobogán. De repente, cogió a la niña y la alejó del tobogán, y le dijo con una voz más o menos alegre: «Mira, un pato, corre, corre, vamos a darle unas miguitas de pan». Y tiraba de la manita de la niña mientras la pequeña daba pasos como a cámara rápida para poder seguir el ritmo de la abuela, que empezó a ir a toda prisa. Y, durante todo ese proceso, la niña seguía con la mano en la cabeza, llorando.

Principio de responsabilidad 0 - Culpabilidad al exterior 1
Conciencia del cuerpo físico 0 - Culpabilidad al exterior 1

Se suele educar desde un patrón de no responsabilidad ni conciencia de quién soy, qué pienso, qué siento, qué ha pasado y cómo puedo mejorar.

Vamos a analizarlo para ahondar en el **principio de la responsabilidad**.

A veces creemos que crecer es una pelea constante contra los padres y madres, el sistema, el colegio, el pasado, contra uno mismo. Pero ¿y si crecer no fuera luchar contra nada ni nadie?, ¿y si en realidad crecer solo significa recordar que ya tenemos dentro todo lo necesario?, es decir, que ya tenemos la fuerza y la esencia perfectas para ser quién somos. ¿Y si solo se trata de escuchar nuestro interior y seguir el deseo de nuestro corazón?

Por ejemplo, recuerdo a Luis, un muchacho de quince o dieciséis años que tenía dificultades para concentrarse, esforzarse y motivarse en general, menos para una cosa: estar con sus amigos en el *skatepark* de la ciudad.

Era digno de ver; él no caminaba, él iba a todas partes con su *skate.* También hacía *slackline,* un deporte de equilibrio sobre una cinta a cinco centímetros del suelo, y en esa época le gustaba escuchar a los Imagine Dragons. Era, y sigue siendo, un tipo noble, de esos adolescentes que dices: «Es un buen chaval, una buena persona».

Cuando su madre me llamó, lo que me dijo fue que, en general, le costaba ponerse en marcha, que perdía mucho el tiempo y que quería darle herramientas para la vida, para superarse, para tener más confianza, más seguridad, más estructura de organización.

Entonces le expliqué a esta madre que íbamos a hacer unas sesiones que combinaban varias cosas: mentalidad, liderazgo, hábitos ganadores y técnicas para que el estudio fuera más efectivo y se pusiera en marcha.

Cada semana le hacía leer a Luis una nota de prensa, una entrevista, un caso real, para despertar su espíritu creativo y reflexivo. Recuerdo que esa tarde leímos y comentamos una entrevista a Annie Marquier. Cuando le di el recorte de prensa, me miró con una cara muy rara. El titular decía: «El corazón tiene cerebro», y recuerdo que me preguntó: «Pero ¿cómo va a tener cerebro el corazón?». Lo que hacía en las sesiones con Luis era enseñarle a pensar de una nueva forma, entregarle nueva información para que su cerebro empezara a hacerse nuevas y mejores preguntas.

Solo si te haces nuevas y mejores preguntas llegarás a abrir nuevas rutas neuronales, y de ahí nuevos *insights*, una nueva visión, que traerán nuevas respuestas y nuevos resultados.

Luis y yo aprendimos que Marquier es matemática y música, y que su pasión por la espiritualidad y la psicología transpersonal le permitió ahondar con rigurosa originalidad en la conciencia individual y colectiva. Pues bien, esa tarde, como otras muchas tardes, estuvimos reflexionando sobre una revelación muy importante:

La verdadera libertad no nace de hacer lo que quieres, sino de elegir desde dentro cómo vivir lo que te pasa.

Después de un arduo trabajo de más de un par de años, Luis pasó de ser un chaval inseguro a tener claridad y seguridad en sus decisiones.

Pasó de dudar y dejar las cosas para último momento a estructurar sus ideas, planificar y priorizarlas.

Pasó de culpar al profe, a los exámenes o a los padres a tomar la responsabilidad de su vida y apostar por hacer aquello que le daba pereza hacer, pero que sabía que le acercaba a su meta.

Entendió que dejarse llevar por el placer inmediato es de mentalidad de escasez, y que entrenarse y estar dispuesto a esforzarse, aunque los resultados no sean inmediatos, corresponde a una mentalidad de abundancia.

Yo entreno a personas ganadoras, y Luis era y sigue siendo un ganador. Terminó con éxito sus estudios de la ESO y Bachillerato y conectó con un deseo: viajar por el mundo y cocinar. Y eso es lo que hizo. A los pocos meses de hacer las pruebas de acceso a la universidad, se marchó a estudiar cocina y de ahí cogió su mochila y se fue un año a ver mundo.

Este espíritu aventurero ya estaba en él cuando lo conocí, pero lo tenía dormido. Y, gracias al trabajo de mentalidad, gestión emocional y espiritual, consiguió despertarlo. Actualmente, se dedica al sector de la alta cocina y trabaja para grandes firmas y personalidades del *catering;* es un gran cocinero y una mejor persona.

Antes decíamos que la auténtica libertad no es hacer lo que quieras, sino elegir cómo vivir aquello que te ocurre. **No siempre podemos elegir las circunstancias**, pero siempre **podemos elegir cómo las queremos vivir**, desde qué estado mental y emocional las vamos a transitar y seguir hacia delante. Y ahí, **justo ahí, empieza la responsabilidad verdadera**.

Fue muy importante hacer un trabajo con Luis que le devolviera la responsabilidad de su vida, de sus acciones y de sus decisiones. La mayoría de las veces veo en las familias una falta de responsabilidad en todos los aspectos, y esto marca la diferencia respecto al bienestar y a los resultados personales, familiares y profesionales.

No hablo de la responsabilidad que pesa, no hablo de la culpa ni de nada parecido, no, de lo que hablo es de la responsabilidad que te libera. Porque, en contra de lo que nos puedan haber enseñado o de lo que nuestra sociedad a veces quiera hacernos creer, hacerse responsable no significa decir: «Es culpa mía» y ya está, o como me he equivocado me machaco, o me desentiendo del tema. No.

Hacerse responsable es la capacidad de responder y decir: «Es mi vida, y puedo elegir qué hacer con ella».

Este principio, tan sencillo como profundo, es la llave que abre la puerta de la madurez emocional y del fin del victimismo que se respira en muchas ocasiones en las familias, tanto en adultos como en adolescentes. **Porque es la llave a la madurez emocional, a la capacidad de responder: me hago cargo de esto que me ha pasado, que he pensado o he dicho o hecho. En definitiva, es responder por lo que pienso, siento y hago, porque quien está al mando de mi vida soy yo.**

Soltar por fin el «me hicieron daño» o «no puedo», o el «yo soy así porque me educaron de tal manera», todas esas afirmaciones que nos repetimos para no hacer cambios, y empezar a tomar mi lugar en el mundo, no desde la rabia ni el reproche, sino desde el poder interior que cada uno tiene. Solo es posible despertar si se vuelve al estado de la responsabilidad, porque es ahí donde el corazón despierta y es capaz de mover montañas.

En la adolescencia, esto es crucial y determinante. **El día en que una persona joven deja de esperar que el mundo cambie,**

o que el mundo se ajuste a sus esquemas, ese día da un paso gigante hacia la libertad y la independencia. La transición del yo adolescente al yo adulto pasa por el «me hago cargo de mi vida», «asumo mi responsabilidad»; cuando una persona es capaz de dar ese paso adelante, está eligiendo con conciencia, y eso te hace libre.

Porque ser adulto no es pagar una hipoteca y tener un coche, es tener el poder de elegir. Y no siempre es fácil; la responsabilidad asusta a muchas personas porque no creen que sean capaces de asumir el poder. Sin embargo, llega un momento en que la vida grita fuerte, te pone en un estado incómodo, hasta que ya no es sostenible, y te invita a cambiar, a transformarte. Esa situación tan dramática es tu corazón lleno de sabiduría diciendo: «Tú puedes transformar tu historia, no estás a merced de lo que fue. Cambia tu vida». Y esa llamada es un grito hacia la libertad del ser.

Bajo mi punto de vista, esa llamada es tu yo adolescente pidiendo ir a la aventura, conectar con estar vivo otra vez, es tu yo interior llamándote a crecer de nuevo. Para ello, vas a tener que soltar lealtades invisibles, patrones familiares heredados, mochilas emocionales que ya no necesitas y, por encima de todo, ser fiel a ti mismo.

Ahora te invito a cerrar los ojos, conectar con tu yo adolescente, tu yo de dieciséis o diecisiete años, y preguntarle: «¿Cuál es la siguiente aventura que, si todo fuera perfecto, te gustaría vivir?», y escucha en silencio esa pulsión. Te guiará.

Áreas de la vida:
¿cómo alinearte con tu nueva etapa como padre o madre?

A vista de pájaro, la siguiente división de las áreas de la vida ayuda a los padres a identificar y reajustar las áreas clave de su propia vida para afrontar esta nueva etapa con más claridad y equilibrio. En este sentido, lo más importante va a ser que se den cuenta de cómo están ahora. Porque, si no están bien, sin duda todo va a resultar más difícil.

- **Área emocional:** reconocer y gestionar sus propias emociones (frustración, miedo, tristeza) para ser un modelo de regulación emocional.
- **Área mental:** desafiar las creencias limitantes sobre la adolescencia (por ejemplo, «es una etapa de rebeldía inevitable») y adoptar una mentalidad de apertura y aprendizaje.
- **Área familiar:** redefinir roles y responsabilidades dentro de la familia para adaptarse a las nuevas necesidades.
- **Área social:** reforzar la red de apoyo (otros padres, amigos, mentores) para compartir experiencias y consejos.
- **Área personal:** no perder de vista sus propias metas y bienestar como individuos, más allá de su rol de padres.

Una vez que tenemos clara la división de las áreas de nuestra vida, nos quedan dos preguntas por plantear: «¿Hacia dónde vamos como padres?» y «¿Qué quiero realmente de ahora en adelante?». Para responder a estas preguntas, son vitales tres aspectos:

- **Brújula emocional educativa:** qué valores y principios guían a la familia y si tenemos que hacer algún ajuste de manera honesta. Preguntas clave:
  - ¿Qué tipo de relación quiero construir con mi hijo adolescente?
  - ¿Qué valores quiero transmitir en esta etapa?
  - ¿Qué tipo de adulto espero ayudar a formar?
  - ¿Estoy actuando de forma coherente para todo lo que quiero?
- **Del control al acompañamiento:** la evolución del cambio de rol, ya que venimos del control típico de la infancia (cuidar, proteger, guiar) y vamos hacia un acompañamiento más respetuoso, que les permita crecer con autonomía, pero sin sentirse desamparados. Hay que recordar que, si hay mucho control, el adolescente se va a distanciar y va a tener explosiones de enfado muy marcadas; esto es señal de «demasiado control; mamá (o papá), necesito libertad».
- **Centrarse en el largo plazo:** el objetivo no es simplemente «sobrevivir» a la adolescencia, o la adolescencia ya pasará, sino construir bases sólidas para una relación adulta futura con nuestros hijos. Aquí haré un *spoiler* de dos recursos poderosos: «Hacer un buen pase» y «La impresión de incremento»; ambos valen oro.

Comprobación de cómo estoy ahora como padre o madre

Una mirada introspectiva y honesta permite a los padres tomar conciencia de su situación emocional y mental actual, y es importante hacerlo porque todo parte de uno mismo.

La gran mayoría de los padres y madres con los que trabajo tienen la mirada puesta hacia fuera. Por eso juzgan la adolescencia o a su propio hijo como el culpable; piensan que, si el hijo mejora, entonces todo irá bien. Incluso le hacen responsable inconscientemente de su infelicidad: «Si mi hijo es feliz, yo estoy bien». Esta es la carga más brutal que se le puede imponer a un hijo. Hemos de liberar de ella a los adolescentes, tenemos que devolverles la responsabilidad de sus actos y, a la vez, los adultos tienen que hacerse cargo de sus asuntos; solo así el amor y el bienestar pueden fluir.

Por lo tanto, el problema no es el adolescente (no estudia, no recoge su habitación, me contesta mal, etcétera), no, el problema es qué piensa el adulto sobre lo que está pasando y, sobre todo, cómo actúa sobre ello. Mirar hacia dentro para activar el principio de responsabilidad ayudará a elevar el nivel de conciencia.

Lo hemos visto en el caso de Laura, cuando utilizó la herramienta «La rejilla de las áreas más importantes de mi vida», donde se apreciaba el cambio drástico de cómo la mentalidad nos lleva a sentir bienestar o malestar. Por eso siempre invito a las familias a entrenar nuevos puntos de vista, porque así van a liberarse de viejos patrones que les aportan malestar.

Estas son las ocho razones por las que las madres y los padres suelen sentir infelicidad al llegar a la etapa adolescente, y todas ellas condicionan el escenario familiar:

1. **Pérdida del control:** sentir que ya no tienen tanta influencia sobre las decisiones de su hijo; esto provoca miedo y activa más control, lo que crea un círculo vicioso.
2. **Choque generacional:** dificultad para conectarse con

los intereses o el lenguaje de los adolescentes. Esto se debe a una gran distancia entre generaciones y entre diferentes áreas: la música, el estilo de vestir, la manera de comunicarse, los distintos hábitos de vida, como la nutrición, la tecnología, etcétera.

3. **Exceso de expectativas:** comparar a su hijo con otros adolescentes o con ideales que no son reales. Falta de aceptación del ser.
4. **Falta de tiempo personal:** la crianza en la adolescencia puede ser emocionalmente agotadora porque hay intensidad emocional y se tiene que negociar mucho, en especial si ha habido un patrón educativo más permisivo o todo lo contrario.
5. **Inseguridades personales:** dudas sobre si están haciendo «lo suficiente» o si lo están haciendo bien. Hay muchas dudas acerca de qué hacer: castigar o no castigar, dejar o no dejar. Se percibe una nube de dudas y una sensación de haber perdido el timón y el sentido común.
6. **Duelos internos:** la nostalgia por la infancia y la sensación de pérdida del «niño que era» y por los propios sueños, o por una crisis personal de la edad que lleva a plantearse: «¿Qué he hecho con mi vida?».
7. **Falta de conexión emocional:** sentirse distanciados o desconectados de su hijo.
8. **Presión social o cultural:** comparaciones con otros padres o críticas externas sobre su estilo de crianza, lo que genera un diálogo interno muy negativo.

Por todo ello, mi recomendación es que, si tu hijo está llegando a la etapa adolescente o ya está en ella, debes entrenar al máximo tus habilidades de inteligencia emocional porque te facilitarán mucho las cosas. A la vez, puedes aprovechar esta etapa y convertirla en una oportunidad de crecimiento personal propio para no quedarte estancado.

Una mirada interior adulta:
el poder de crear de dentro hacia fuera

Asumir la responsabilidad de su propio bienestar emocional da a los padres y madres seguridad y tranquilidad, y algo sumamente importante: libera al hijo de la presión de la felicidad de sus padres. Es decir, la felicidad de papá o mamá pasa por que ellos se responsabilicen de su vida, no por que pongan en el centro a su hijo. Responsabilizarle de la felicidad de sus padres es una tremenda carga emocional para el hijo que no puede sostener. Los hijos no son responsables de la felicidad de los padres. Por eso, como padre o madre, es bueno tener en cuenta estos tres puntos que te ayudarán a mejorar tu estado emocional y a relacionarte mejor con tu adolescente:

- **Autoconciencia:** ser consciente y reconocer patrones reactivos que vienen de tu propia historia personal o de tu adolescente interior. Por ejemplo, los miedos pueden llegar a paralizarte. Recuerdo el caso de un padre que tenía terminantemente prohibido a su hija de trece años que cogiera el tren para ir a la ciudad de al lado, un trayecto de quince minutos. Lo que descubrí durante la indagación es que, cuando era pequeño, se subió a un tren con su madre y, jugando, empezó a caminar por los vagones y se perdió, se desubicó por completo, y, cuando su madre lo buscó, pasaron unos minutos hasta que se encontraron. Por eso, no quería que su hija cogiera el tren, por su propio miedo. Mi recomendación en este aspecto es que te hagas cargo de tus miedos y liberes a tu adolescente de tu pasado; este es el mejor camino para el bienestar.

- **Autodominio:** hay que trabajar en la capacidad de responder en lugar de reaccionar. Algo que veo a menudo en las familias, en padres, madres y obviamente en los hijos, es que no tienen habilidades de autodominio ni de gestión emocional. Es decir, no saben gestionar sus estados emocionales, porque no saben cómo funciona su mentalidad. A lo largo del libro voy a aclarar este punto, pero me gustaría resaltar aquí los tres pasos esenciales que debes seguir para tener autocontrol o dominar tu mente y tus estados emocionales.

> - **Paso 1: la presencia.** Mantén los pies en la tierra, sé consciente de que tus pies están anclados en el suelo. La presencia física y espiritual es sumamente importante para el autocontrol.
> - **Paso 2: la respiración 2-4.** La respiración es el salvavidas de toda reacción. Cuando exhalamos el doble de lo que inhalamos, conseguimos tener control sobre nuestro sistema nervioso central y activar el sistema nervioso parasimpático, lo cual, a su vez, activa la ventana de la calma y nos ayuda a pensar y a poder elegir.
> - **Paso 3: la observación.** Observa tus pensamientos y mira todo lo que está pasando fuera como si estuvieras dentro de una burbuja. Esto te permitirá dar un paso atrás en tu reacción emocional y ponerte al mando de ti mismo.

- **Actitud proactiva:** en lugar de sentirte «víctima» de las dificultades, asume una postura de aprendizaje y adaptación. Las familias que están en procesos de transformación en mi escuela de crecimiento personal entrenan la mentalidad enfocada a la solución. Una pregunta que te puede ayudar mucho es la siguiente: «¿Lo que estoy pensando, diciendo o haciendo va a mejorar la situación?». Si la va a mejorar, adelante. Si no, sigue pensando o busca una alternativa mejor. Si lo que vas a decir o hacer no deja al otro mejor de lo que estaba, no lo digas ni lo hagas. Reformula. Esto elevará tu superación personal y conectarás con un campo de respeto y exquisitez que nunca antes has experimentado.

Cambio del patrón educativo

No puedes quedarte en el pasado, ahora todo debe cambiar, y para poder cambiar necesitas elevar tu nivel de ser consciente. A las familias les explico que los niveles de conciencia son como un rascacielos, y lo importante es subir planta a planta, porque, a medida que subes tu nivel de conciencia, las vistas son más amplias y el ruido de la calle disminuye, y tienes así más contacto con lo elevado, con el cielo.

Como ya hemos visto, cuando tengo delante a una familia y vienen con un problema sobre su adolescente, el problema nunca es el adolescente ni ellos; el problema es la mentalidad que tienen sobre ese asunto. Por tanto, el problema siempre sale de uno mismo, y la solución también.

Eso es una buena noticia porque, si cambias tu mentalidad sobre lo que está ocurriendo, cambiarás la realidad que estás viviendo.

Hay una frase que aprendí hace años, cuando estudiaba el Máster en *Coaching* Estructural con Miguel Cortés: «Estás a un pensamiento de cambiar tu vida», y por eso quiero traerte unos ejercicios prácticos que te ayudarán a hacer este cambio de pensamiento y, como consecuencia, cambiarán tu vida:

- **Estrategias de autocontrol en un segundo**
  Según las teorías del cerebro y la neurociencia, la amígdala puede activarse en milisegundos ante una amenaza percibida. De hecho, la reacción de la amígdala ocurre entre 200 y 300 milisegundos después de que el cerebro detecte una amenaza. Esta respuesta rápida es parte del sistema de lucha, huida o congelación, lo que llamamos las 3F en inglés: *fight*, *flight* y *freeze*, y que está diseñado para protegernos de peligros inmediatos. La amígdala actúa antes de que la información llegue a la corteza prefrontal (el adolescente no tiene esta parte del cerebro madura, pero tú, como padre o madre, sí), que es la parte del cerebro responsable del análisis racional y la toma de decisiones conscientes. En los siguientes capítulos ahondaré más en este punto del cerebro desde un prisma fascinante.

  Este desfase explica por qué reaccionamos de forma instintiva (por ejemplo, gritando o apartándonos) antes de procesar racionalmente si el peligro es real. La amígdala, al activarse con tanta rapidez, envía señales al cuerpo para liberar adrenalina y cortisol, lo que prepara una respuesta física inmediata (como un aumento del ritmo cardiaco o tensión muscular). ¿Qué podemos hacer en un segundo los adultos? A continuación compartiré contigo algunas prácticas, pero ten en cuenta que para ello hay que entrenarse y repetirlas muchas veces, hasta que sean un hábito.

- **Practicar la pausa antes de responder a un conflicto:** quédate en silencio, respira, observa qué piensas. Te ayudará a ver cuál es tu patrón interior.
- **Identificar emociones desencadenantes en situaciones difíciles:** todo pensamiento provoca una emoción. Cambiando el pensamiento, cambiarás de estado emocional.
- **Técnicas como la respiración profunda o el *mindfulness* para mantener la calma:** la respiración 2-4 te puede ayudar a activar el estado de calma. Inhalo dos segundos, exhalo cuatro segundos; se trata de que la exhalación sea el doble, porque así activarás tu sistema nervioso parasimpático, que es el que pone en marcha el estado de calma y serenidad. Desde ese estado podrás pensar y abordar mejor los asuntos.

Muchos padres me dicen que es muy difícil, que se saben la teoría, pero la práctica les cuesta. Ante esto, yo les digo: «Hasta que no tomes la decisión de hacerlo nada va a cambiar. Cuando tomas la decisión, estás activando una parte de tu *mindset* para que empiece a hacer lo que toca, y se abrirán puertas mentales para que puedas avanzar. Si no tomas la decisión, y te dejas llevar por lo que conoces, vas a repetir el pasado una y otra vez».

- **Autodominio mental**

  Enfócate en lo siguiente:

  – **Reconocer pensamientos negativos o catastróficos y sustituirlos por otros más constructivos.** Cuando piensas bien, te sientes bien; cuando piensas mal, te vas a sentir mal. No puedes cambiar el estado emocional en el que te encuentras, pero sí puedes cambiar qué piensas. Tienes que volverte experto en contarte algo que te haga sentir mejor porque eso te ayudará a avanzar.

- **Desarrollar una mentalidad de «trabajo en equipo» con tu hijo en lugar de verlo como una lucha de poder.** En este punto voy a volver a insistir en lo que ya he comentado de «hacer un buen pase». Asociar el acompañamiento al deporte, al equipo, es una buena técnica de acompañamiento y de comunicación que puede ayudar a hacer clic en la mente de los padres y que de este modo cambien su dinámica familiar.

- **Autorregulación**

  Es importante que modeles comportamientos saludables, como gestionar el estrés, comunicarse asertivamente y mantener la calma en momentos difíciles.

Excelencia en la adolescencia

En un mundo lleno de información y comparación, como padre o madre tienes que ser como un puente para tu hijo, conectándolo con lo esencial: valores, empatía y sentido común. Pero, para poder conectar con lo esencial, es urgente y vital apartarse de la tecnología, distanciarse de la crítica y el juicio a esta generación y ser muy cauto con la conexión a las pantallas a edades tempranas.

En este sentido, una buena pregunta que debemos hacernos es: «¿Y qué es lo esencial en este momento de la vida?». Como decía el protagonista de *El principito*: «Lo esencial es invisible a los ojos». La esencia de tu hijo es, pues, aquello que lo hace único, es su tesoro más preciado, y tienes que encontrarlo para poder mantenerlo a salvo.

Hablaré de cómo mantenerlo a salvo y elevar la esencia de tu hijo en el último capítulo, lo que te dará claridad y te ayudará a reconectar con él. Pero aquí quiero destacar siete puntos que no puedes perder de vista porque te ayudarán a ser un guía muy efectivo mientras tu hijo sea adolescente:

1. Respetar los ritmos y necesidades del adolescente.
2. Mantenerte abierto al diálogo, sin prejuicios ni imposiciones.
3. Adaptarte al cambio sin renunciar a los valores esenciales.
4. Poner sobre la mesa los temas importantes de la vida y romper los tabúes: sexualidad, *scroll* infinito, amistades, amor, alcohol, drogas, adicciones de todo tipo, etc.
5. Escuchar más y hablar menos.
6. Sentido del humor: el humor nos salva, hace bajar el ego parental y es como un bálsamo. Es un nivel de inteligencia superior.
7. Sonreír.

EJERCICIO

Ejercicio 1: la tabla del tú y yo

Esta herramienta invita a cada padre y madre a la reflexión porque pone el foco en una pregunta que es todo un reto: «¿En quién tienes que convertirte tú?». De esta forma, dejas de poner el foco y la obsesión en tu adolescente.

Rellena esta tabla con total sinceridad; te dejo unas preguntas en cada columna para que te inspiren.

¿Cómo te gustaría que fuera tu adolescente? ¿Cómo quieres que reaccione? ¿Cómo quieres que responda? ¿Cómo quieres que se comunique? ¿Cómo quieres que se organice? ¿Qué tipo de persona quieres que sea?	**¿Quién vas a ser tú y qué vas a hacer para conseguir lo que has puesto en la columna anterior?** ¿Cómo vas a dirigirte a él o ella? ¿Qué trato le vas a dar? ¿Qué nivel de confianza tendrás? ¿Cómo le vas a mirar? ¿Cuál será tu posición? ¿Cómo le vas a ayudar a conseguirlo? ¿Qué tipo de persona vas a ser?

Ejercicio 2: lo quiero

En relación con tu persona adolescente, anota en cada uno de los cuadrantes lo que se pide. Por favor, reflexiona y hazlo fácil, y sé lo más explícito posible.

LO QUIERO Y LO TENGO 1	LO QUIERO Y NO LO TENGO 2
....	....
NO LO QUIERO Y LO TENGO 3	**NO LO QUIERO Y NO LO TENGO 4**
....	....

- Para mantener lo que quieres y tienes, conservar el cuadrante 1.
- Para conseguir lo que quieres y no tienes, pasar cosas del cuadrante 2 al 1.
- Para eliminar lo que no quieres y tienes, pasar cosas del cuadrante 3 al 4.
- Para mantener alejado lo que no quieres y no tienes, conservar como está el cuadrante 4.

Ejercicio 3: la reflexión

A. ¿Quién eres ahora como persona, mujer u hombre, padre o madre?

....

....

....

B. ¿Qué crees que diría hoy de ti tu hijo en plena etapa adolescente?

....

....

....

C. Imagina que han pasado cinco años, ya has pasado la etapa adolescente de tus hijos e hijas, ¿qué van a decir de ti? Durante mi adolescencia, mi padre (o madre) fue...

....

....

....

D. ¿Qué puedes mejorar hoy para acercarte a lo que tú quieres llegar a ser en relación con tu hijo?

....

....

....

3

LA CONEXIÓN EN LA ADOLESCENCIA

La conexión emocional: esencia de las relaciones humanas

El día que conocí a Alberto, un chaval de trece años, quedé impactada. Llegó con sus padres, los observé caminando por el hall, iban cabizbajos, casi sin energía, con angustia y desesperanza en sus rostros, y a un ritmo muy muy lento. Alberto apenas podía caminar; en esa época hacía un mes que no salía casi de casa. Ya no iba al instituto. Vestía una camiseta deportiva y me llamó la atención que la llevaba mojada.

Cuando conozco a una nueva familia observo detenidamente, me conecto con todo el sistema familiar y, sobre todo, me conecto con cada una de las personas que están allí. En los primeros diez minutos de una sesión puedo ver parte de los roles y patrones que hay establecidos. En las palabras que utilizan puedo ver cómo está programada su mentalidad, y en sus miradas puedo ver el grado de satisfacción o malestar que hay en sus vidas.

La presencia es el arte de ser y estar ahí para poder conectar con esa persona a todos los niveles, especialmente a nivel espiritual. O, lo que es lo mismo, llegar a su corazón.

Enseguida me di cuenta de que esta familia, como la gran mayoría de ellas, se comunicaba desde un lugar muy racional y lógico. Desde el hacer. Se hablaba de lo que hicieron, hacen o quieren hacer en un futuro inmediato. Y esto es algo que activa un patrón de relación desconectado del corazón.

Era como si la familia se relacionara a oscuras. Hacen lo que toca: ir al cole, hacer los deberes, comprar, trabajar, ir al dentista, salir a cenar, etcétera, pero todo lo hacen desde un lugar de desconexión, sin un propósito, sin pasión ni entusiasmo. Es lo que toca. Se hace y punto.

Bien, pues esta familia, que llegó en semejante estado de cansancio y frustración, en poco más de seis meses empezó a ver cambios significativos en su hijo. Alberto no quería ni ir al instituto, y eso los tenía muy preocupados. En ese momento les dije: «Lo primero es rescatar su alma, su bienestar; lo primordial es recuperar su vida, la alegría de vivir».

Los padres me miraron con extrañeza. Y yo insistí: «Lo primero que vamos a hacer es conectar con su alma y rescatarla». Me dijeron que nadie nunca les había hablado así en toda su vida. Estuvimos más de una hora analizando cuál era la situación, cuál era el problema al que nos enfrentábamos, y vi claramente que había varios puntos en los que trabajar para conseguir un cambio:

- Patrón de pensamientos pesimistas, negativos.
- Enfoque en la desesperanza y el cansancio, que monopolizaban sus vidas.
- Patrón de mirada victimista frente a la situación.
- Estado emocional vibratorio en el malestar, el miedo, la preocupación, el control, el desánimo.
- Pérdida de poder interior y de fuerza vital.
- Hábito de ir con prisa, estar impacientes, desconectados.
- Falta brutal de conexión con lo esencial.
- Patrón de dar vueltas sobre el problema, buscando respuestas del porqué en el pasado.
- Acciones y hábitos personales y familiares no fructíferos: uno de ellos, el más alarmante, era la exposición a las pantallas durante horas. Este punto era el más crucial.
- Estar atrapados en un bucle.
- Dependencia del entorno para solucionar el problema.
- Mala o nula gestión emocional.
- Mala o nula reparación del daño después de una bronca.

Estaban cansados, habían ido a varios centros de salud y nadie nunca les había hablado de rescatar su poder personal, conectar con lo esencial, elevar su alma y ordenar su mente, conseguir una alta gestión emocional, activar acciones fructíferas y encender la alegría de vivir.

Quiero dejar claro que **el poder personal es algo que todos tenemos, pero no todos hacemos uso activo de nuestra responsabilidad**. La capacidad para transformar la vida está siempre en manos de uno mismo, pero hay muchas personas que han aprendido a vivir en la sombra de sus decisiones y acciones y se han acabado creyendo que la abundancia, la felicidad o la salud están reservadas a unos pocos. Y eso es rotundamente falso. **Solo si crees que eres incapaz lo serás, mientras que, si crees que eres capaz, lo serás.** Con esta explicación no quiero dañar a nadie ni quiero despertar el sufrimiento de nadie; todo lo contrario, mi objetivo es el bienestar de las personas, y cada una tiene su vivencia, su punto de vista, y puede cambiarlo cuando lo desee.

Tuvimos que hacer una gran labor de reconexión, porque Alberto estaba muy desconectado de la vida. Se había quedado en el limbo de la vida, como cuando en la película *Superman* los tres villanos están encerrados en lo que llaman la zona fantasma.

Uno de los motivos por el cual estaba tan desconectado era la sobreexposición a las pantallas: juegos de la Play y el móvil. Había días que se había pasado más de seis horas jugando, y esto comporta un gran peligro.

El psicólogo clínico Francisco Villar, en su libro *Cómo las pantallas devoran a nuestros hijos*, en el que habla de las consecuencias de la sobreexposición a las pantallas, explica que tenemos a adolescentes:

- Menos empáticos.
- Menos reflexivos.
- Con un menor control de sus impulsos.
- Con poca tolerancia a la frustración.
- Desensibilizados ante la violencia y el sufrimiento del otro.

- Más propensos a ser victimizados.
- Más propensos a ejercer violencia contra sí mismos

Debemos entender que la digitalización está hecha para trabajar, no para aprender.

El objetivo que debemos marcarnos es, pues, la protección de nuestros menores, de su desarrollo y de su formación como personas.

Es muy importante tener este punto en cuenta y asumir la responsabilidad, porque para poder conectar la vía más directa y rápida es la desconexión de las pantallas y dispositivos móviles.

No pierdas de vista que la adolescencia es un proceso espiritual de muerte y nacimiento a la vez, y, mientras se transita del ser niño al ser adulto pasando por el ser adolescente, hay una parte del ser que se transmuta, que sufre una metamorfosis. En esta metamorfosis, es esencial hablar claro, estar en presencia, es decir, estar conectados (si hay sobreexposición a las pantallas en casa, será muy difícil conseguirlo), y vivir nuevas experiencias bien acompañados. Este es el único camino para experimentar lo que es de crucial importancia: el proceso de aprendizaje de la vida se da con la experiencia.

Si los niños, adolescentes y jóvenes minimizan sus experiencias de vida porque se quedan detrás de una pantalla, de una red social o de un juego, van a reducir todo el engranaje que se activa con las experiencias vividas en el día a día. Y no hay que olvidar que estas traen consigo uno de los regalos más preciados: el proceso de activación cerebral, emocional y de acciones que le da a la persona la experiencia, el aprendizaje y, con ello, la madurez. Y eso es justo lo que ocurría con la familia de Alberto.

Alberto era una persona adolescente apagada, muy irascible a veces y con una falta de conexión con todo su potencial que hacía que estuviera en modo avión durante el día a día. Le faltaba conexión consigo mismo, con sus padres, con su círculo de personas cercanas; en definitiva, le faltaba conexión con la vida, con lo esencial. ¿Y qué es lo esencial? «Lo esencial es invisible a los ojos», como escribió Antoine de Saint-Exupéry.

La vida me ha entrenado para ver precisamente lo invisible a los ojos de las personas adolescentes, jóvenes y de la familia en general. Solo si desvelamos lo invisible, podremos ver resultados drásticamente evidentes en un reducido espacio de tiempo. Y, para ello, no necesitamos décadas de terapia para crear un cambio. El cambio, según mi experiencia, puede venir en una sola sesión. ¿Sabes por qué digo una sola sesión? Porque me niego a creer que el ser humano, con todo el potencial que tiene, necesita media vida para crecer, desconectarse de sí mismo en la infancia y en la adolescencia y otra media vida, la adultez, para conectarse a sí mismo. No hay tiempo que perder.

He visto a familias como las de Alberto, que siguen dando vueltas y vueltas sobre el problema. No lo juzgo, solo me gustaría transmitir que haciendo un trabajo profundo y cambiando la percepción pueden salir de la realidad en la que están y llevan años. Cuando abres tu corazón y tu mentalidad a las cosas nuevas, estas se empiezan a ordenar, pero, como he dicho antes, es una cuestión de tomar la decisión y permitir que lleguen todas esas ideas que no son tan familiares para ti. Que no veas que hay un mundo interior no significa que este no tenga importancia sobre tu vida. Y que la perspectiva con la que invito a los padres a trabajar no sea familiar para ellos no significa que sea peligrosa; al contrario, es la puerta de salida a la situación en la que hace tiempo están estancados.

Empecé un trabajo personalizado con Alberto y pronto, conforme se iba conectando con su corazón y su alma, empezaron a verse mejoras, semana a semana. Era como si su corazón se fuera descongelando poco a poco.

Las sesiones que hago tienen diferentes enfoques porque hay diferentes fases dentro del proceso de transformación familiar.

La primera fase es la más importante, ya que es la fase de la iniciación a la conexión y al vínculo. Aquí abrimos un canal que es único entre mi alumno y yo, es intransferible, nadie más puede hacerlo, excepto nosotros.

La segunda fase es la del despertar de la conciencia. En ella empezamos a trabajar para activar los disparadores de la motivación, la reflexión y el ser consciente de uno mismo.

La tercera fase es la del poder de la intención; le ponemos atención a lo que queremos.

La cuarta fase es la de la construcción, empezamos a remodelar y a construir lo que sí queremos.

Y la quinta fase es la de finalizar el proceso, es decir, asentamos las nuevas bases de la relación.

Todas estas fases están vivas en cada sesión de cada proceso de forma estructural. Es importante tener claridad en las fases para poder ir creando y construyendo aquello que queremos lograr.

Con Alberto empecé con algo muy esencial que es escucharle a un nivel muy profundo, y recuerdo que en las primeras sesiones él se quedaba en silencio, no hablaba apenas. Yo no forcé nada, le miraba con agradecimiento y le repetía que yo estaba allí y que no teníamos que hacer nada que no quisiera. Empecé a decir frases que sabía que le causarían un impacto emocional e irían directas a descongelar su corazón. Son frases que despiertan lo más interno, que tienen sentido para quien las escucha, que logran despertar algo en su interior. Para poder decirlas y que tengan el impacto que queremos tiene que haber un espacio seguro y llegar a un alto grado de conexión. Es hablarle a su alma.

Mientras se las iba diciendo, él al principio no me miraba. Él nunca miraba a los ojos al llegar. No fue hasta la sesión número 12 cuando Alberto empezó a sostenerme la mirada. Más adelante te explicaré el porqué de este gran cambio.

Mientras le hablaba él miraba a varios sitios, como buscando algo, y yo le iba explicando que todo lo que buscaba fuera lo puede encontrar en su interior. Me miró. Volvió a buscar fuera. Seguí explicándole lo que estaba ocurriendo con un cuento de Jorge Bucay.

Los cuentos y las historias son de gran ayuda porque despiertan en nosotros un estado de aprendizaje; las recordamos, nos dan sentido y nos enseñan algo muy preciado, y lo más importante: nos hacen conscientes de algo interno.

En el relato «El tesoro enterrado», Bucay habla sobre un anciano amable llamado Izy que sueña en repetidas ocasiones con un tesoro enterrado junto a un árbol en Praga. Tomándolo como una señal, el anciano decide emprender la marcha a la ciudad. Cuando llega allí, se topa con el guardia que custodia el lugar, que le habla de un sueño similar. En su caso, el hombre lleva tiempo soñando con un tesoro escondido debajo de la cocina de un loco anciano llamado Izy.

De vuelta en casa, el anciano descubre que el guardia estaba en lo cierto: todo ese tiempo, el tesoro había estado enterrado bajo sus pies.

Alberto se quedó escuchando atentamente el cuento, y le invité a dibujar el tesoro.

Ese día se marchó sonriente.

Esa misma tarde, sus padres me dijeron que Alberto había ido al fútbol, hacía varias semanas que no iba, y estaba sorprendentemente sonriente.

Las sesiones que doy son una mezcla holística donde vamos a la causa; solo así puedo tratar y acompañar a la persona en su totalidad. En el próximo capítulo hablaremos de la mente y veremos de forma sencilla cómo se activa el cambio y la transformación.

Con solo nueve meses de trabajo, Alberto hizo una transformación que ni en sus mejores sueños habría podido imaginar.

El padre de Alberto, Sergi, me dijo personalmente: «Alberto está mejor ahora que en toda la vida, mira que llevamos años de psicólogos, pruebas, psiquiatras, hospitales, esto no lo había visto en la vida. Y lo mejor es que nosotros también estamos bien. Hemos hecho un cambio y nos ha ayudado a estar más tranquilos, confiados, y siento una fuerza interior que había perdido».

Conectar es la clave para avanzar en la vida; si no estás conectado a nivel espiritual, te quedas viviendo en un vacío, que sería más parecido a sobrevivir, vivir la vida en blanco y negro, quedarte en el «hacer lo que toca».

Vives, pues, en piloto automático. Las personas que viven desconectadas son personas que apenas sonríen o lo hacen forzosamente, repiten patrones, se creen víctimas de lo que les ha tocado vivir y no entienden que puedan cambiar esa situación o ese estado en el que viven. Y la familia de Alberto al completo recuperó algo que nunca deberíamos de perder: creer.

Alberto llegó	Gracias al trabajo, Alberto consiguió
Apagado.	Activarse, enchufarse a la vida.
Sin mirar a los ojos.	Sonreír.
Buscando algo en el exterior.	Hacer bromas.
Nervioso internamente.	Hablar mucho y alegremente.
Sin valorarse.	Razonar sus ideas y compartirlas.

Alberto llegó	Gracias al trabajo, Alberto consiguió
Abrumado por el ruido externo.	Tener seguridad en sí mismo.
Triste.	Hablar con sus amigos.
Agobiado.	Conectar con el entorno.
Con dificultad para dormir.	Empezar a ir al instituto contento y seguro.
Sin sonreír.	Pensar bien de sí mismo.
Sin ganas de hablar.	Tener recursos para filtrar los pensamientos negativos.
No salía de casa.	Exponer sus necesidades de forma tranquila y sin estrés.
No iba al instituto.	Reducir su dependencia de los videojuegos de consola tipo Play.
Se enfadaba y explotaba de forma muy abrupta.	Tener esperanza.
Sin gestión de sus emociones.	Darse cuenta de que tiene valor.
Sin un contacto consigo mismo.	Hablarse bien.
Con un vacío existencial.	Tener una alta autoestima.
	Tener fortaleza mental.
	Tener ideas de futuro y proyectos.

Fue un trabajo de artesanía mental, emocional y espiritual que dio un resultado increíble, y ahora la familia de Alberto disfruta, en primer lugar, de saber que se puede salir de esa situación, y, en segundo lugar, de tener la tranquilidad de que cuentan con los recursos y la capacidad de hacerlo.

La conexión y el contacto son necesidades vitales

Los seres humanos estamos diseñados para buscar vínculos emocionales seguros desde la infancia hasta la adultez.

Aunque las personas adolescentes buscan libertad, siguen necesitando la seguridad emocional que les ofrece una relación positiva con sus padres. Y es que la conexión es clave para la regulación emocional y el desarrollo de su identidad. La conexión emocional no es un lujo, sino una necesidad fundamental para el desarrollo.

En 1945, el médico austriaco René Spitz llevó a cabo un estudio en un orfanato que ofrecía cuidados adicionales a los niños para asegurarse de que no contrajeran enfermedades. Los niños recibían alimentación y atención médica de primera calidad, pero, con el fin de reducir su contacto con microbios, prácticamente no los tocaban. El planteamiento fue un desastre. El 37 por ciento de los bebés murió antes de los dos años.

El contacto físico empático es esencial para la vida. De hecho, el contacto físico cercano involucra múltiples emociones y contribuye a que se produzcan las conexiones del cerebro.

El poder de este tipo de contacto físico amoroso es perdurable.

Hay un famoso estudio, el Grant Study, que analizó a un grupo de hombres que habían asistido a Harvard en la década de los cuarenta. Los hombres que crecieron en hogares amorosos obtuvieron un 50 por ciento más de ganancias en el transcurso de su carrera profesional que aquellos que no recibieron tanto cariño. También padecieron muchas menos enfermedades crónicas y presentaron un índice menor de demencia en la edad avanzada. Por tanto, la conclusión es que **un hogar amoroso es el mejor predictor de buenos resultados en la vida**.

Lo viví en mi propia piel. Recuerdo que, en mi primera relación, cuando salía de casa y me iba de fin de semana con mi novio, siempre había algún problema, algún conflicto, algún desprecio, siempre. Aparentemente, no era maltrato, pero sí un abuso de mi intimidad, y, emocionalmente, yo quedaba bloqueada y avergonzada. Recuerdo la sensación y el pensamiento de decirme: «Bueno, mañana vuelvo a casa, y allí estaré a salvo, allí sí que soy querida. Mis padres me quieren, no puede pasarme nada malo. Estoy a salvo».

Eso me mantenía a flote. Lo que no tenía tan claro era que la que no se quería era yo por permanecer en esa situación, así que pasaron varios años, los suficientes, hasta que comprendí que **una rela-**

ción basada en el miedo, el control, la necesidad, los reproches y el maltrato es la señal más brutal del desamor que hay en el interior de la persona. Lo que quiero destacar es que me reconfortaba saber que podía volver a casa, porque allí estaba en paz, siempre.

El abuso de mi intimidad mermó todos los cimientos de mi voluntad: autoestima bajo cero, resiliencia en shock y mi autosuficiencia o la creencia de que podía controlar la situación y salir de ahí cayó en picado. Posiblemente debido a mi poca experiencia en la vida, no fui capaz de levantarme e irme de esa relación. Sencillamente, no sabía dos cosas: una, que podía hacerlo, y dos, cómo hacerlo. En realidad, puede que lo pensara alguna vez, pero nunca tuve voluntad, capacidad o fuerza de poder hacerlo. Era como si estuviera dormida. Y, sin lugar a dudas, sobreviví gracias al amor y cuidado que siempre tenía de mis padres. Volver a casa, ver a mi madre y a mi padre, estar rodeada de amor, era mi lugar seguro; de no haber sido así, estoy segura de que habría podido caer en lo más oscuro y terrorífico de la vida.

Mis padres siempre me acogían, me cuidaban, me hacían sentir importante, y eso me volvía a reconfortar. Ni que decir tiene que ellos intentaron miles de veces hacer que reflexionara y me diera cuenta de que lo que me estaba pasando no era normal, y yo les escuchaba, pero no podía despegarme de esa persona; era como vivir en «me doy cuenta de que no es mi lugar, que no soy feliz, pero el miedo a quedarme sola (o lo que yo había creído que era quedarse sola) me hace permanecer en el mismo pozo».

En realidad, no culpo a nadie; cada uno es responsable de sus actos, y yo voy a responder siempre sobre los míos. Nunca responderé sobre los actos de los demás, con la única excepción de si son mis dos hijos y son menores de edad. Una de las cosas que les enseño a mis alumnos es esta premisa: **nadie puede hacerte daño sin tu permiso**, y de forma inconsciente yo di muchos permisos en mi pasado. Pero nunca me ha gustado la posición de víctima, me quita mucha energía; por eso quiero responder siempre por mi actitud. Mi forma de pensar, consciente o inconsciente, es mía; mis emociones, ya sean de bienestar o malestar, son mías, y mis actos también. Pienso que **la única persona que puede mejorar su vida es uno mismo**, y así me postulo frente al mundo.

¿Has tenido alguna vez la sensación de estar prisionero de una situación o circunstancia en tu vida y no saber cómo salir de ahí? Es más, tener completamente asumido que la situación es como es y no hay forma de cambiarlo. Pues eso es lo que yo experimenté. Y lo que me salvó la vida fue la conexión que tenía con mis padres.

La conexión entre padres e hijos en la adolescencia es necesaria, aunque no lo parezca, porque es cierto que hay cierta distancia física. Sin embargo, mientras las personas adolescentes van hacia el mundo, siguen necesitando la conexión con sus padres para seguir desarrollándose.

En esta etapa, las personas adolescentes experimentan cambios neurológicos (maduración del cerebro, particularmente la corteza prefrontal) que afectan a la regulación emocional y aumentan la impulsividad. Esto puede dificultar la comunicación y generar conflictos, siempre y cuando no te adaptes al cambio.

A pesar de las tensiones y de lo que los propios progenitores puedan pensar, en mi consulta y en las sesiones de transformación familiar las personas adolescentes me han manifestado de diferentes formas que valoran profundamente la relación con sus padres y madres, y me han confirmado que sus padres siguen siendo las personas más importantes de su vida. De hecho, buscan su apoyo emocional, aunque no siempre lo expresen abiertamente.

Quiero que tengas en cuenta que **para tu adolescente sigues siendo un pilar importante**, por eso siempre **animo a padres y madres a tener el foco de su propio bienestar como prioridad, puesto que es el mejor ejemplo que seguir**. Es habitual ver cómo un padre o una madre se ha olvidado de sí mismo, se ha volcado en sus hijos y el malestar se ha normalizado dentro del día a día de la familia, por no hablar de la sobreexposición a las pantallas, que aumenta la desconexión y, por tanto, el malestar.

Recuerdo que una de mis alumnas del programa de desarrollo personal me dijo: «No entiendo nada de mi madre, siempre está con esa cara seria y amargada, no me deja en paz, y encima quiere que yo esté contenta. ¿Cómo quiere que yo esté contenta si es ella la que está de mal humor por todo?».

Veo a familias que llegan a la adolescencia de sus hijos y han normalizado el mal humor, el malestar y relacionarse desde un lugar de quejas y críticas; está claro que desde este paradigma no se puede crear nada fructífero.

Por eso, en este momento tan determinante de la vida, con los cambios que estás atravesando, es muy importante priorizar la conexión, porque esta puede ayudaros y salvaros.

Etapas de la adolescencia y el *golden bridge* o puente de oro

Cuando quería explicar a las familias las etapas de la adolescencia, busqué una imagen que pudiera reflejar exactamente este proceso, y encontré la estructura de la página siguiente, que me pareció tan fascinante como poética; sobre todo porque la vida es un camino, y, si vemos la adolescencia como un puente por el que cruzaremos hacia la adultez, se hace más llevadera.

Creo que es una imagen inspiradora, y nuestra mente siempre se calma cuando sabe adónde va. Así que entender que la adolescencia tiene un inicio y un final, y que cruzar el puente de oro es parte del proceso de vivir, es muy tranquilizador.

Siempre decimos que la adolescencia es un puente que todas las personas cruzaremos una vez que finalicen los años de la niñez para ir hacia la etapa adulta.

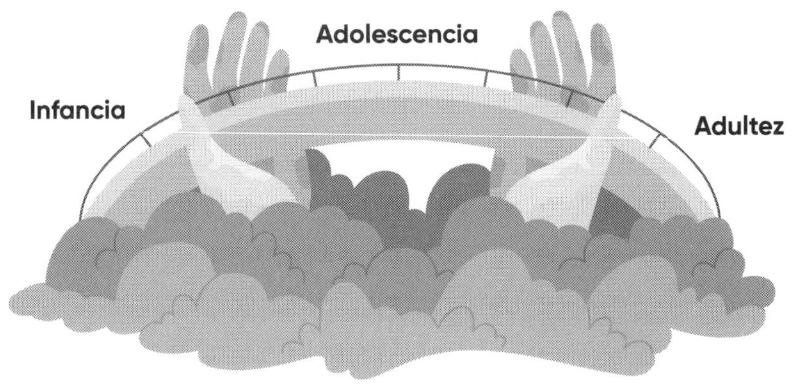

Las manos simbolizan a la madre y al padre, o los adultos de referencia que sostienen y te traen al mundo.

En el camino de hacerse mayor y pasar de la adolescencia a la adultez dile a tu hijo estas palabras amorosas que te harán sentir paz y tranquilidad:

«Hijo, yo estoy aquí, tú sigue adelante por tu puente, por tu camino de vida. En él, claro que hay peligros, claro que hay alegrías, pero avanzar con el corazón es lo que hará que te hagas mayor. Yo estaré aquí y te voy a querer en cualquier situación. Te dejaré libertad siempre que sigas madurando y me demuestres que eres responsable. Habrá cosas que no te daré porque aún no tendrás la madurez para tomarlas. Si me equivoco, rectificaré. Yo también estoy aprendiendo con la vida».

Son palabras poderosas para poder decirle a tu adolescente.

Las manos (papá y mamá) no aprietan, no amarran, no castigan. Las manos están abiertas, **facilitando el camino**. Porque cada hijo tiene su propio proceso de vida, y hay que respetarlo y acompañarlo creando acuerdos por dónde y cómo pasan. De hecho, es una etapa en la que los acuerdos van a ser un buen recurso de solución.

Déjame contarte la historia de la palabra «acordar». De adolescente, cuando estudiaba 2.º de BUP, tenía la asignatura de Latín y aprendí a buscar el significado etimológico de las palabras y a jugar con los significados, aunque me costaba la vida aprobar esos exámenes.

El caso es que, etimológicamente, la palabra «acordar» proviene del latín *accordare*, que significa «unir los corazones» o «poner de acuerdo». El «corazón» en latín es *cor, cordis*, y el prefijo *ad*- significa «a», «hacia» o «junto». Por lo tanto, *accordare* implica la idea de traer los corazones hacia sí, de armonizarlos o ponerlos de acuerdo. En resumen, «acordar» se relaciona con la idea de unir los corazones, y es una de las bases de mi metodología: la creación de nuevos acuerdos.

Pero volvamos a la imagen anterior: las manos tienen su propia vida. Es importante que padres y madres se ocupen de su propia felicidad y respeten el proceso de ida de su hijo, el adolescente tiene que hacer su camino. Además, sosteniendo el todo (el puente de oro, las manos, cada etapa) está la propia vida: la tierra. Eso significa que hay una fuerza que nos impulsa a crecer, a seguir adelante. Es la fuerza de la vida, a la que siempre debemos honrar porque todo es un proceso de vida.

Podemos dividir la adolescencia en tres etapas dentro el puente de oro de la adolescencia:

Etapa 1: preadolescencia, pubertad - etapa inicial o etapa temprana (de los diez a los trece años)

La etapa de la preadolescencia, el inicio, es el primer vacío existencial, donde la persona que está entrando a esta etapa siente que algo ha cambiado de forma abrupta, ya no es la niña que era, ya no juega con sus muñecas, empieza a rechazar las cosas con aire infantil o incluso puede llegar a detestarlas. Esto empieza a suceder porque ahora se identifica con algo totalmente diferente y nuevo. Esta etapa también se conoce como pubertad, y es cuando empiezan los grandes cambios hacia su independencia. Cada vez vemos una transformación más temprana; hoy en día, a partir de los nueve años ya pueden apreciarse en algunos niños pequeños cambios propios de esta etapa.

Etapa 2: etapa media (de los catorce a los dieciséis años)

En esta etapa siguen caminando hacia descubrir quiénes son y hay altibajos emocionales. Además, se dan muchos cambios estructurales en el cerebro, por ejemplo, en la materia blanca y la gris.

Materia blanca: hay más sensibilidad para lo emocional y las relaciones con sus amistades, que se consideran iguales.

Materia gris: es donde culmina el proceso de maduración del córtex prefrontal, aunque madura más des-pa-ci-to que la materia blanca (emocional y relacional), y, como la materia gris no modera ni controla, todo se vive con hiperexcitación.

¿De qué se encarga esta parte gris del cerebro?

- Refrena y controla los impulsos.
- Filtra y modela emociones.

- Calibra las consecuencias a largo plazo.
- Planifica.
- Se anticipa.

¿Sabes dónde se pone el frontal o la linterna si sales de noche a hacer *running*? Pues justo en esa zona de la frente está el lóbulo prefrontal. De hecho, muchas veces utilizo este símil: a los adolescentes les falta encender la luz del frontal, porque todavía está madurando. Tú tienes que ser su linterna frontal.

El frontal te ayuda a alumbrarle el camino, a darle claridad te permite ver por dónde pisas, ilumina las distintas opciones que hay para que tu persona adolescente elija con su propio criterio.

Esta etapa es la más conocida como «adolescencia», pero hay que tener en cuenta el proceso de inicio, de construcción y de finalización.

Etapa 3: etapa tardía (de los diecisiete a los veinticinco años)
En este momento asientan su nuevo ser. Aquí ya hay más reflexión, más conciencia, más responsabilidad. Las facultades mentales han madurado más y no hay tanta explosión emocional.

Recuerdo subir a la habitación de una de mis alumnas en una de las visitas a domicilio que hacía hace años y ver que detrás de la puerta tenía un montón de juguetes y cajas apelotonadas. Ese día, ella lloraba, pero no sabía qué le pasaba. Le pregunté qué eran esos juguetes y empezó a sacar muñecas y juegos de las cajas, y me iba contando cosas sobre cada muñeco: «Esta Barbie me la regaló mi madre cuando cumplí seis años, estas casitas de Playmobil me las trajo Papá Noel». Mientras me lo iba contando, se iba tranquilizando. Le pregunté por qué lo tenía en cajas y detrás de la puerta. Y me dijo: «Ya no soy esa niña que jugaba con estos juguetes, ahora me interesan otras cosas. Pero también me pone triste, porque me gustaba ser una niña pequeña».

Aceptar la transición de la niñez a la adolescencia es aceptar que hay ciertos hábitos de juego, opiniones, gustos, ideas que ya no tienen sentido con el nuevo autoconcepto y la nueva identidad del nuevo ser.

Cuando llegó su madre, nos vio sentadas en el suelo, haciendo recuento de todos los juguetes y muñecas. En ese momento, la mamá le comentó a su hija: «Quizá podríamos regalar estos juguetes para que otros niños puedan jugar con ellos». Y las dos juntas llegaron a un acuerdo, y me dijeron que todos esos juguetes eran para Dídac y Laia, mis hijos, que en aquella época tenían dos y tres años. Esa tarde en casa de esa adolescente, hicimos un ritual de agradecimiento y despedida de juguetes de la niñez, como quien se muda de casa.

Esa tarde, la habitación de esa niña quedó completamente reformada, con un aire más juvenil y con un ritual de despedida y agradecimiento por todo lo vivido gracias a cada uno de los juguetes y muñecas.

Es bueno hacer pequeñas transiciones de despedida cada vez que hay un cambio de autoconcepto, autoimagen o, lo que es lo mismo, de identidad. Los rituales son tremendamente sanadores, porque te permiten abrir un canal para sentir, y, en este caso, para drenar esa tensión y tristeza de dejar a la niña y darle la bienvenida a la adolescente.

Como madre o padre, para poder adaptarte al cambio de tu hijo adolescente me gustaría que tuvieras en cuenta los siguientes dos aspectos, porque te van a ayudar a transitar este momento:

1. **Presencia en el ahora para dar lo mejor:** como la madre de la niña que estuvo ahí mientras su hija hacía la transición de niña a adolescente, acompañándola en todo momento a través de los pequeños cambios que esto conlleva: el de habitación, de juguetes, de ropa, de emociones. En realidad, la presencia es el antídoto a la soledad en la adolescencia.
2. **Visión de futuro:** visualiza a tu adolescente como el adulto en el que quieres que se convierta y da lo mejor de ti para ayudarle a serlo. Para ello, usar la imagen del puente te ayudará a tener visión de futuro; una imagen de que la etapa adolescente es una transición para llegar a otro lugar: el adulto en el que se va a convertir.

¿Qué tipo de conexión necesitan los adolescentes ahora?

La conexión y la mirada que abre el alma de tu hijo a adolescente es tu presencia, tu escucha, el silencio, la comprensión, la mirada que abraza y que es compasiva sobre su vida y su ser. Si quieres conectar, tienes que estar en silencio, observar y entregarte al momento presente, estar disponible para ponerte en su lugar. En el último capítulo profundizaremos en este concepto, pero analicemos primero qué tipo de conexión es necesaria para este momento de cambio que es la adolescencia.

¿Tenemos altas expectativas respecto a nuestros hijos? Cambiemos la mirada, quizá así cambie nuestra realidad.

En psicología, se conoce como efecto Pigmalión al poder de influencia que tienen nuestras expectativas sobre el desarrollo de otra persona. Cuando creemos genuinamente en alguien, en su capacidad de aprender, de cambiar, de mejorar..., esa fe puede transformarse en realidad. Y yo tengo esa fe y esa mirada cuando conozco a una familia nueva y a su adolescente. Veo al adolescente y veo el tesoro escondido en su interior. En mi experiencia, en el 90 por ciento de los casos, el efecto Pigmalión se ha cumplido.

Julia es una joven diseñadora de moda.

Luis, un cocinero de alto nivel.

Pere, un diseñador gráfico feliz.

Lorena, una joven con fuerza y vida.

Alberto, un joven que superó su dificultad de salir al mundo.

Leia, una chica que arrasa en seguridad.

Niko, el hijo de un locutor que pasó de la fiesta a estudiar para ser locutor.

Centenares de mis alumnos llegaron sin confianza, con los sueños dormidos, con problemas con los amigos; sin saber hacia dónde ir, con una desconexión interior brutal, se habían perdido a sí mismos y, aun así, a todos los miraba con la certeza y seguridad de que lo iban a conseguir.

El mito de Pigmalión es griego; recuerdo todavía el libro de mitología griega que nos hicieron leer en BUP en el que lo descubrí: era un libro grande amarillo y naranja, de tapa dura. Pigmalión, rey de Chipre, buscaba a una mujer perfecta y, al no encontrarla, la esculpió. Talló a Galatea, una figura tan hermosa que acabó enamorándose de ella. La trató con tanto amor y deseo que, al tocarla, el mármol se volvió cálido, blando..., humano. Afrodita, la diosa del amor, conmovida, le concedió la vida. Pigmalión había creado su propia felicidad al creer fervientemente en ella.

Este mito se convirtió en base de estudios muy serios sobre el poder de nuestras creencias. En 1965, el psicólogo Robert Rosenthal, desde la Universidad de Harvard, quiso comprobar si nuestras expectativas podrían influir en los resultados reales. Junto con Lenore Jacobson, aplicó un test de inteligencia a un grupo de niños y niñas en un colegio público de California. Luego, les dijo a los docentes que ciertos estudiantes (elegidos al azar) tenían un potencial intelectual muy alto.

¿El resultado? Durante el curso, estos alumnos —que no eran ni más ni menos brillantes que sus compañeros— mostraron una mejora notable en su rendimiento. ¿Por qué? Porque sus profesores creían en ellos. Porque les hablaban más, les sonreían más, les daban más oportunidades y recursos, sin darse cuenta de ello. Eso es el efecto Pigmalión: cuando esperamos lo mejor, actuamos de forma acorde a lo que queremos de verdad.

Y aquí viene una pregunta importante que quiero plantearte: ¿qué efecto tienen las palabras, los gestos, la confianza diaria? ¿Estamos transmitiendo a nuestros hijos que confiamos en todo lo que pueden llegar a ser?

Creer en tu hijo solo puede crear una cosa: que él crea en sí mismo. Ver más allá de sus despistes, de su caos, de sus silencios. Porque, cuando un adolescente siente que alguien de verdad cree en él..., algo empieza a despertar en su interior.

He visto durante toda mi trayectoria como *coach* y mentora de transformación familiar que las familias tienen una mirada y una opinión crítica de casi todo.

Hay tres actitudes que pueden llevarte a la más alta desconexión:

1. **Querer tener la razón:** que todo se haga de la forma en que tú lo ves.
2. **La crítica o el juicio:** cuando cargas con tu pensamiento, vibración y acciones contra tu adolescente estás destinado a que él tenga que defenderse.
3. **Culpar:** buscar un culpable te va a distanciar de hacer uno de los actos más bellos en educación, que es devolverle a cada cual la responsabilidad, lo que significa que cada uno responda por los actos propios.

En muchas familias me he encontrado con un patrón de juzgar insistentemente a su adolescente: critican lo que hace, lo que dice, cómo tiene las cosas en su habitación, su insistencia, su dejadez, su apatía, su motivación.

Recuerdo a una madre que criticaba a su hija porque no salía con las amigas y se quedaba mucho en casa, todo porque ella consideraba que estaba en época de salir. Así que la presionaba para quedar con amigas y organizar planes.

He visto a otra madre que se ponía atacada de los nervios porque su hija estaba más en la calle con las amigas que en casa. Y la presionaba para que se quedara más en casa y no saliera tanto con las amigas, porque era inadmisible.

Definitivamente, no es lo que sucede, sino la percepción o la interpretación que le das lo que hace que lo vivas como lo vives. ¿Y qué hace que lo interpretemos de una forma u otra? Nuestro paradigma.

En realidad, **cuando la mirada está fuera, la gran mayoría de las veces será con carga negativa, y, desde ese foco negativo, todo está condenado al fracaso, a la mala relación y al conflicto familiar**. Voy a explicar el porqué, y lo dejaré totalmente claro en el próximo capítulo, el de la mentalidad.

Ser como las palmeras.
En la adolescencia y en la vida: *be* palmera

Hay algo básico que debes tener en cuenta: tienes que asegurarte de que tu hijo sabe que estás, es decir, en su interior debe saber que puede contar contigo.

Si te aseguras de esto, tendrás la garantía de que **no se va a sentir solo jamás**, y esta conexión va a hacer que, cuando esté en apuros o tenga un problema, lo primero que haga sea contártelo, compartirlo contigo, porque sabe que vas a estar, le vas a sostener y le vas a ayudar a salir adelante.

Cuando llega la etapa adolescente, hay dos valores que son de vital importancia para los desafíos de esta etapa: firmeza y flexibilidad.

Con el fin de expresar gráficamente estos dos valores, volví a buscar una imagen, un símbolo que me sirviera para explicárselo a las familias, y, como empecé a buscar una imagen, eso es lo que encontré. Escuché a una gran mujer decir que en la vida hay que ser como las palmeras: firmes y flexibles… Ya tenía la imagen para transmitir esos dos conceptos a las familias: una palmera.

La firmeza

Firmeza **para tomar decisiones**, y para ello vas a necesitar **altas dosis de confianza para guiar y decidir lo que sí y lo que no** se puede hacer en cada etapa.

La confianza es un estado mental que vas a poder desarrollar si estás dispuesto a pagar el precio, sobre todo de la incomodidad, pero te aseguro que, si lo estás, la recompensa es mucho mayor. **La confianza te da fortaleza** con estilo, y crea un aura como padre o madre que va a hacer que tu adolescente te siga, y le inculques un sentimiento de seguridad al seguirte. Cuando tienes confianza, sabes y sabes que sabes, y eso crea un espacio de seguridad entre tu adolescente y tú. Porque, de alguna manera, operas desde una mentalidad de «soy capaz de resolver cualquier asunto de esta etapa y, si no sé cómo resolverlo al momento, encontraré o crearé la manera». Esta firmeza interna hace que tu adolescente te admire y te siga, incluso cuando no está de acuerdo contigo. Por el contrario, dudar de ti mismo como padre o madre te puede llevar a graves problemas. Por eso es crucial trabajar la confianza.

Ahora bien, ¿cómo desarrollar la confianza y sintonizar con esa fuerza y poder interior? Eso es lo que consiguió Noemí tras hacer la mentoría grupal de transformación familiar. Siempre recalca que, tras hacer ella el entrenamiento, ha conectado con una confianza que antes tenía dormida y, ahora, resuelve los asuntos con una firmeza y fortaleza interior que antes eran impensables. Ella está separada y sufría mucho porque entre sus hijos y ella había mucha tensión, especialmente con su hija mayor, pues en ese momento no se hablaban. Se habían familiarizado con la desconexión y tenía que repetirlo todo mil veces para conseguir que le hicieran caso, por lo que se enfadaba constantemente. No había buena sintonía en casa y acababan discutiendo y teniendo rutinas y hábitos muy individuales. No se sentían un equipo ni una «piña». Sin embargo, tras hacer el *men-*

toring, tomó el timón, y una de las cosas que ella siempre destaca es la confianza en ella misma que adquirió para abordar todos estos asuntos.

La confianza es algo que tenemos dentro, es saber que tenemos el conocimiento, aunque no siempre conectamos con ese saber interno, con esa fe interna. No tiene nada que ver con el intelecto. Cuanto más conocimiento y comprensión tenía Noemí de sí misma, mayor era su confianza. Y eso le daba licencia para mejorar al cien por cien su actitud y la situación caótica que vivía con sus hijos adolescentes. El espacio para la automejora es el mejor espacio del mundo y el acto de amor más extraordinario.

Noemí mejoró tres puntos de gran valor para elevar su confianza:

1. **Mejoró su autoimagen como madre:** se dio cuenta de que la imagen que tenía de ella misma como madre era muy negativa y empezó a cambiarla.
2. **Comprobó sus fortalezas y debilidades:** hicimos dos listas y comprendió que las debilidades pesaban mucho. En aquel momento, le dije que debía gestionar sus debilidades y centrarse en mejorar y ser exquisita en lo que se le daba bien, en sus fortalezas.
3. **Empezó a mirar a las personas como si fueran lo más importante en su vida:** entrenó su mente para ver en los demás lo más valioso, y se lo hizo saber de manera natural y solemne. Lo hizo con sus hijos, aunque ellos detestaran algo de sí mismos, o hicieran algo mal, ella seguía mirando lo más valioso.

En realidad, lo bello que ves en los demás es un reflejo de lo bello que hay en ti.

Al aplicar estos tres puntos, Noemí empezó a transformarse en una mujer luminosa; sus amigas empezaron a decirle que estaba cambiada, que se la veía feliz y alegre y entusiasmada con la vida, y la relación con sus hijos, en solo tres meses, empezó a transformarse a vibrar en el amor y a vivir situaciones entrañables.

La flexibilidad

Flexibilidad para adaptarse al cambio a medida que hay nuevas necesidades y se dan nuevas situaciones en la vida familiar.

Y, si la firmeza es necesaria para sostener, la flexibilidad lo es para acompañar. Porque la adolescencia es una etapa de viento fuerte, de tormentas emocionales y cambios constantes. Y, si queremos estar presentes sin rompernos, necesitamos aprender a ceder sin rendirnos, a adaptarnos sin perder el rumbo.

Como las palmeras, que, cuando sopla el viento, se doblan, pero no se quiebran. Permanecen. Se adaptan. Y, cuando pasa la tormenta, siguen en pie, más fuertes y más enraizadas.

La flexibilidad se manifiesta cuando escuchamos sin juzgar, cuando ofrecemos alternativas en lugar de órdenes, cuando comprendemos el caos emocional de nuestros hijos sin hacerlo nuestro.

Es esa capacidad de sostener límites con dulzura, de permitir que se equivoquen sin soltar la conexión, de ofrecer nuestro abrazo incluso cuando sus palabras hieren. Ser como una palmera es ser esa figura que combina firmeza interior con flexibilidad exterior. Que inspira respeto porque ama sin condiciones. Que guía porque sabe permanecer.

Este equilibrio, entre la solidez de nuestras decisiones y la flexibilidad de nuestro acompañamiento, es la base para crear un vínculo profundo y duradero con nuestros adolescentes. Porque, al final, lo que más necesitan no es que se lo pongamos fácil, sino que estemos ahí, con raíces firmes, pero también con hojas que bailan con el viento.

***Be* palmera. Firme y flexible. Siempre presente.**

Pero, para que una palmera se mantenga en pie, su tronco o tallo tiene que estar firme, y partimos de la base de que el tronco de la palmera es redondo. Vamos a trabajar con ello como base de la estructura.

Porque la palmera también nos sirve para explicar los siete puntos importantes que debemos tener en cuenta para poder construir una buena conexión en la vida familiar y poder conectar con tu adolescente. Es decir, los siete puntos básicos no negociables para que puedas crear un espacio de conexión.

PALMERA (a modo de acrónimo)

El recurso emocional por excelencia para acompañar la adolescencia.

P: presencia.

A: crear acuerdos.

L: comunicación de L de líder: cabeza y corazón.

M: mantener la calma.

E: empatía.

R: responsabilidad.

A: aceptación de la adolescencia.

P: ciencia de la presencia. La capacidad de estar presente, de ser consciente de que la presencia abre un mundo entre tú y tu adolescente.

A: acuerdos. La capacidad de crear acuerdos tiene que ver con la capacidad de escuchar y estar presente para saber cómo encontrar un punto donde ambos salgamos ganando. Como vimos anteriormente, el verbo «acordar» viene del latín *accordare* y significa unir los corazones. Encontrar un punto donde tú ganes y yo también. Donde no hay lucha de poder, donde me posiciono en un lugar sano de dar la cara, estando presente y practicando la escucha activa. Solo así se puede llegar a un acuerdo. Unir los corazones requiere estar presente y estar conectado a mi persona adolescente.

L: comunicación de L de líder. Haz conmigo una L con los dedos de la mano. Utiliza el índice y el pulgar. El índice señala la cabeza y tiene que ver con la parte de comunicarte de forma racional, coherente, poniendo normas y líneas rojas, diciendo lo que se puede hacer y lo que no. Y el dedo pulgar señala el corazón, y significa el amor, el respeto, la empatía, la compasión del que acompaña. La comunicación de L de líder es para todas aquellas personas que saben que hay un lugar donde la comunicación es fluida, consciente y respetuosa.

M: mantener la calma. Tiene que ver con darse cuenta de que somos más que nuestras reacciones. Dado que el patrón emocional lo aprendemos de los cero a los tres años, cada vez que reaccionamos significa que quien lidera nuestra vida es nuestra niña interior, no nuestra adulta. Mantener la calma tiene que ver con la capacidad de responsabilizarse de uno mismo. De tomar acción y pedir ayuda, reconociendo que esa situación que nos perturba tiene algo que mostrarnos y que podemos transitarla de manera consciente. Mantener la calma tiene que ver con estar presente y elegir quién quiero ser en ese momento y responder a esta pregunta: ¿aquí y ahora, cómo actuaría el amor?

E: empatía. La empatía en este caso tiene que ver con meterse en el barro junto a tu persona adolescente. De ver sus necesidades, de leer los subtítulos de sus acciones. En este caso no estamos hablando de teoría, sino de práctica. Supone rendirse a lo que hay e ir más allá de cualquier conducta de tu hijo. La empatía significa poder sentir en un grado menor lo que siente tu persona adolescente para poder acompañarla desde la humildad y la compasión. Empatía significa honrar su vivencia tal como es. Ver sus necesidades y darles un lugar. Si estás en la crítica, si estás en la corrección o en la necesidad de tener razón, significa que estás en lucha. Empatizar es ir hacia dentro, es sentir un: «Te entiendo porque yo ya he estado allí».

R: realista, responsable. Ser realista está relacionado con ver la realidad tal como es. Poder ver la situación actual como un observador. Honrar el momento presente tal como es. De lo contrario, estamos interpretando la realidad a través de nuestro diálogo interno, lo cual sin duda la distorsiona. Ser realista tiene que ver con conocer la adolescencia, y este conocimiento se adquiere por dos vías: una mediante la información y la otra mediante la experiencia. Tú tienes las dos vías: tienes conocimiento porque estás aquí y tienes experiencia porque has sido adolescente y ahora tienes a un hijo adolescente. Solo se trata de adaptarte al cambio con la capacidad de responder a las oportunidades que te brinda la vida. Ser responsable es eso: tener la capacidad de responder a lo que hay. Y ahora lo que se requiere de ti es adaptarte al cambio. La adolescencia es una etapa, así que ponle humor y mucha escucha, y toma acción cuando sea necesario; solo así podrás trascender esta fase.

A: aceptación de la propia adolescencia. Se trata de aceptar lo que fui y lo que soy. Se trata de conocerse a uno mismo, la tarea más compleja del ser humano. Se trata de revisar mi adolescencia para recordar quién fui y qué necesité para poder dárselo a mi hijo y romper el patrón de repetición. Para ello, la clave de la sanación íntegra está en reconocernos simplemente como hijos de nuestros padres: soy hijo, soy vida. El pasado se sana gracias a nuestra aceptación y gratitud de decir un sí a lo que fue, tal como fue, y un sí a lo que no fue, tal como no fue. Sanamos cuando en nuestra alma hay un sí a todo. No hay nada que enfrentar, solo hay algo que aceptar.

EJERCICIO

Ahora te invito a hacer un ejercicio que te va a aportar claridad y mucho foco de por dónde puedes empezar a mejorar. Vamos a imaginar que el círculo de abajo es la base de la palmera y que cada porción es una de las letras del acrónimo, que, como ves, son ocho en total.

En la parte que queda en blanco te recomiendo poner la gratitud; ese gran valor que, cuando lo integras en tu vida, empiezas a vivir con un propósito y un estado de bienestar increíble.

Una vez que tengas las letras de la palmera en cada uno de los espacios, puntúa del 0 al 10 tu nivel de satisfacción de cada área y píntalo hasta completar el círculo.

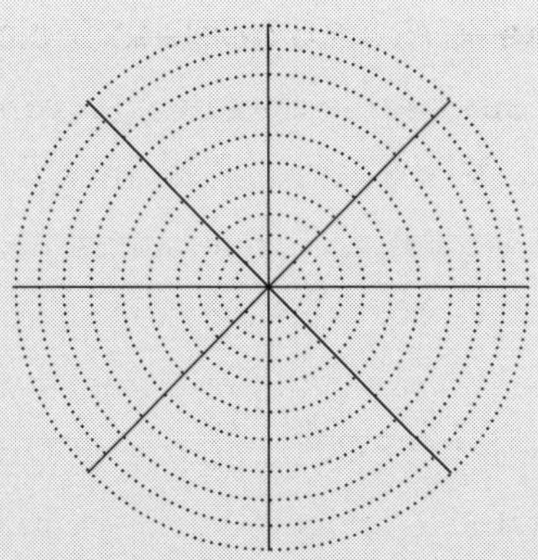

Para completar la herramienta te propongo que respondas a las siguientes preguntas:

1. ¿Qué tres apartados tendrías que mejorar o «inflar» para que la base de tu palmera pueda sostenerse firme y flexible?

   ....

   ....

   ....

2. ¿Qué significa para ti la nota que te has puesto en esos tres apartados? (¿qué sientes, qué crees que te falta, por qué, etcétera?).

   ....

   ....

   ....

3. ¿Qué significaría para ti llegar a la nota deseada? (¿qué sentirías, qué vivirías?).

   ....

   ....

   ....

4. ¿Qué podrías hacer en cada uno de esos tres apartados para llegar a la puntuación deseada?

....

....

....

5. ¿Te sugiere esto algún objetivo en concreto en el que deberías trabajar?

....

....

....

Este ejercicio es uno de los que las familias hacen para darse cuenta de en qué situación se encuentran, desde dónde están liderando esta etapa y su capacidad de mejora.

Puntos clave para una conexión y un acompañamiento auténticos

Recuerdo una familia que llegó bastante apurada. La madre estaba exhausta de cansancio y llena de frustración y enfado porque no conseguía llegar a sus dos hijos. Y el padre explotaba muy a menudo e infligía castigo y daño para poder «resolver» los asuntos del día a día. Esto solo empeoraba la relación, la conexión y, obviamente, los resultados. Ambos, padre y madre, eran personas maravillosas, con una vida profesional llena de éxito y reconocimiento, pero, cuando cerraban la puerta de casa, todo se tambaleaba. Dos adolescentes, un chico y una chica, tomaban posesión de todo y dominaban el terreno, cosa que situaba a los padres en un lugar de fragilidad y de antiliderazgo que era difícil de cambiar.

Estaban en lo que se llama un bucle. **La zona de bucle es una situación de malestar** conocida por los adultos que provoca un patrón mental de queja y victimismo, con un estado emocional de tristeza, confusión, desgana y frustración, y con unos hábitos y acciones que conducen a la familia al fracaso total: sin conexión ni comunicación fluida, con muchos premios y castigos y poca armonía en el día a día. Todo son obligaciones.

Durante el proceso de *mentoring*, aprendieron cinco puntos esenciales que pudieron mejorar y hoy disfrutan de una relación llena de complicidad, conexión y alegría, porque se han vuelto muy hábiles a la hora de resolver situaciones y gestionarlas desde un lugar muy exquisito. Veamos cuáles son esos cinco puntos esenciales:

1. **Aceptación incondicional:** una de las cosas que consiguieron es que sus dos hijos adolescentes se sintieran seguros. Eso se debió a que empezaron a percibir de sus padres, sobre todo de su padre, que los aceptaban tal como eran, sin condiciones ni juicios. Las críticas, los sarcasmos y las caras largas en casa desaparecieron. Eso no significa que no tengan malos días, sino que ahora resuelven los asuntos desde un lugar de mentalidad de solución. Y, cuando cambias tu manera de pensar, cambias tu estado emocional. Conectaron con algo que es esencial y que habían perdido que es centrarse en lo más importante: el amor, la mirada amorosa, el tocar el corazón de sus hijos a cada paso.

2. **Autenticidad:** salieron del patrón encorsetado de tener que dar lecciones a sus hijos y empezaron a elevar su estándar como padre y madre, a ser muy exquisitos con sus palabras, con el trato, y a ser muy auténticos con sus interacciones. Esto los ayudó mucho a crear una nueva conexión más real que elevó la confianza propia y familiar. Sus hijos empezaron a confiar mucho más en sus padres.

3. **Empatía profunda:** una de las cosas que recuerdo mucho del padre de esta familia es que me dijo que había descubierto que era mucho más sensible de lo se imaginaba, que podía sentir a sus hijos y que ahora tenía ganas de volver a casa después del trabajo. Incluso había días en que salía antes para estar con su familia, cosa impensable solo unos meses atrás. Aprendieron el valor de dar por válidas las emociones y el sentir de sus hijos, aunque no lo entendieran o no les pareciera lógico. Y el hecho de empatizar a tan alto nivel hizo que sus hijos empezaran a abrirse más, a compartir más y a abrir sus corazones.

4. **Relación centrada en la persona:** uno de los valores esenciales del *mentoring* es mirar y tratar al otro como si fuera único y lo más importante en ese momento. Estos padres perseveraron en crear esta filosofía de trato familiar, y los dos adolescentes empezaron a notar que realmente eran lo más importante. Así, comenzaron a responder a ese trato tan exquisito con respeto, orden y apertura en su comunicación, a estar más tranquilos y a hacer el movimiento natural de una persona que recibe un buen trato, que quiere más y quiere seguir alimentando ese círculo virtuoso.

5. **Espacio para el crecimiento:** ambos padres hicieron el acto de amor más bello, que es seguir creciendo y mejorándose día a día, y les brindaron un entorno seguro en el que sus dos adolescente pueden expresar sus pensamientos y emociones sin miedo a ser criticados.

¿De quién necesitan la conexión los adolescentes?

Con los más de once años que llevo como *coach* de adolescentes y jóvenes y como terapeuta de familias, he podido observar tres fuentes de influencia importantes en la vida de un adolescente o joven. Son pilares en los que se apoyan constantemente y que confluyen durante su desarrollo hasta la etapa adulta.

La primera fuente son los padres: los padres no dejan de ser su referencia emocional clave, aunque su rol pase a ser más de guía y menos de autoridad. A todos mis alumnos les hago una pregunta muy básica la primera vez que los veo, y la respuesta sigue siendo la misma aunque pasen los años. Les pregunto cuáles son las cinco personas más importantes de tu vida y por qué. Y responden en este orden: mi madre, mi padre, suelen mencionar a un hermano, o abuelos, y después los amigos. Y siempre me río y les digo: «Te dejas a una persona». Y me responden: «¿A quién?», a lo que les contesto: «A ti. Tú eres la persona más importante de tu vida. Nunca te olvides de esto, aquí vas a aprender a quererte». Es la primera vez en mucho tiempo que alguien les dice que van a aprender a quererse, cuando el paradigma al que normalmente estamos acostumbrados y nos es familiar es a querer, escuchar y respetar a los demás en lugar de a uno mismo.

La segunda fuente de influencia son sus iguales: las relaciones con amigos y compañeros adquieren un peso enorme para una persona adolescente.

Un apego seguro con los padres ayuda a los adolescentes a construir relaciones saludables fuera de casa.

Es esencial resaltar este punto: **cuando hay un buen apego en casa, volver a casa y recargarse de amor va a ser el antídoto de los conflictos que pueda tener fuera**. En mi historia personal, lo que me salvó fue que siempre que volvía a casa me recargaba y cubría de amor, y de alguna manera, por muy duro que fuera vivir esa relación tormentosa, me sentía a salvo con mis padres, y aprendí a sobrevivir a la relación de maltrato gracias a poder volver a casa.

Hay muchas personas adolescentes o jóvenes que no tienen ese espacio seguro junto a sus padres. Recuerdo a una alumna que tuve; era americana y hacíamos las sesiones *online*. La paradoja es que quien me llamó fue su madre, porque estaba desesperada con su hija. No sabía qué hacer. Hacía quince días que no volvía a su casa, que andaba de casa de su padre a casa de amigos, vecinos, los abuelos, todo porque no quería estar con mamá. La relación madre e hija estuvo muy dañada durante años. En ese momento, la madre me dijo: «Estoy desconectada de mi hija, no quiero hacerle más daño y necesito que tenga una buena guía»; por eso había contactado conmigo.

Me convertí en su lugar seguro, de reflexión, de poder tener un espacio donde compartir sus emociones y sus vivencias del día a día. Era una chica que tomaba malas decisiones y se metía en líos. Y aprendió a cuidarse, a valorarse y a aumentar su seguridad y autoestima.

Durante las primeras sesiones solo la escuchaba, le brindaba apoyo y le hacía llegar, de forma natural y auténtica, que estaría a su lado. Y así fue. Con el paso de los meses (estuvimos unos seis juntas), consiguió dejar la pandilla de amigas con la que iba, se disculpó con una chica de su clase a la que había hecho *bullying* y empezó a estudiar y a presentar los trabajos, cosa que antes era impensable en ella. Y, además, dejó de fumar.

Todo iba bien hasta que una tarde de sesión, cuando se conectó, me dijo llorando: «Carmina, lo siento, he vuelto a discutir con mi madre y me ha prohibido verte». A los pocos días, pudimos hablar su madre y yo. Mi lugar siempre es el de estar al servicio, sin presionar, invitando al cambio y despertando conciencias. Pero a veces la familia tiene grandes dificultades para perseverar y honrar el proceso, tener paciencia e ir paso a paso.

Hay familias que lo quieren todo ya, y, aunque la mejora llegue, si no es de la forma que esperaban, no están de acuerdo y se cierran. Prefieren seguir perdidos en la maleza y repetir un patrón. Para querer transformar una situación o una relación, hay que tener la voluntad de hacer, y hacerlo. Y después perseverar y sellar el cambio. Si no, se vuelve al estado familiar, aunque sea de malestar, de gritos, de broncas o de maltrato.

La tercera fuente de influencia son mentores o adultos significativos: profesores, personas de la familia, entrenadores, mentores que pueden convertirse en figuras de apego seguro secundarias que refuerzan la autoestima y proporcionan orientación. Para muchos de mis alumnos soy esa figura, y es crucial para su crecimiento, porque reciben nueva información, conectan conmigo y mi mirada condiciona parte de su desarrollo de crecimiento. Empiezan a creer en sí mismos, a tener más seguridad, más confianza, y conectan con su valor más profundo, se aceptan y se enorgullecen de quienes son. Eso es brutal a la edad de quince, diecisiete o veinte años.

Si no hay una buena conexión con una o varias de estas fuentes de influencia, van a llenar su vacío interior con distintas adicciones: pantallas, promiscuidad, malas amistades, relaciones tóxicas, sustancias dañinas, alcohol, etcétera.

Y esto es lo que está ocurriendo, como hemos visto anteriormente, las consecuencias de la sobreexposición a las pantallas. Tenemos una generación que, frente al vacío interior y, a la escasa conexión con las fuentes de influencia, necesitan llenar ese vacío con otras cosas; ese es el gran peligro de esta generación. Por eso es crucial poder tener una alta calidad de estas tres fuentes de influencia, para evitar que llenen esos vacíos con alguna de las diferentes adicciones disponibles a su alrededor.

La empatía:
el puente de conexión con tu adolescente

Cuando aprendas a abrir el canal de la conexión, automáticamente podrás utilizar una de las herramientas básicas para conectar: la empatía. Brené Brown es una de las voces más influyentes del mundo actual en temas de vulnerabilidad, empatía, liderazgo y conexión humana. Es investigadora, profesora en la Universidad de Houston, conferenciante y autora de varios *best sellers*. Su trabajo ha tocado profundamente a millones de personas por su autenticidad y su manera sencilla y directa de hablar de temas emocionales complejos.

Brené Brown distingue con claridad entre empatía y simpatía, y nos invita a practicar una empatía que no se basa en arreglar al otro, sino en acompañarlo en su emoción con presencia y conexión.

Ideas clave sobre la empatía según Brené Brown

1. Empatía es conectar, no juzgar.

Empatía es ponerse en el lugar del otro, pero no desde la cabeza, sino desde el corazón. No se trata de dar consejos ni de buscar soluciones, sino de reconocer lo que siente la otra persona y estar allí con ella, sin querer cambiar nada.

«La empatía alimenta la conexión.
La simpatía la rompe».

2. La empatía requiere vulnerabilidad.

Para conectar con lo que siente otra persona, necesito

conectar primero con mis propias emociones. Eso implica estar dispuesto a sentir, a veces, lo incómodo. Es un acto de coraje: abrirse a la emoción del otro sin defenderse ni huir.

3. Frases que bloquean la empatía.

Brené Brown señala que hay respuestas bien intencionadas que bloquean la conexión emocional, como:

- «Por lo menos no fue tan grave».
- «Eso me pasó a mí también, y fue peor».
- «Bueno, seguro que todo pasa por algo».

Estas respuestas minimizan lo que el otro siente. En cambio, las frases empáticas suenan más como:

- «No sé qué decirte ahora, pero me alegra que me lo hayas contado».
- «Estoy aquí contigo».
- «Eso suena muy duro. ¿Quieres que lo hablemos?».

4. Empatía no es sentir por el otro, es sentir con el otro.

- No necesitas haber vivido exactamente lo mismo. Basta con acceder dentro de ti a una emoción parecida y permitirte acompañar desde ahí.
- Usar frases como: «Eso debe ser muy difícil para ti» o «Puedo imaginar cómo te sientes».

5. Empatía con los hijos y los adolescentes

Brené Brown insiste en que practicar empatía con los hijos (especialmente en la adolescencia) es una de las herramientas más poderosas de conexión. Escuchar sin interrumpir, validar sin corregir, estar presentes sin necesidad de tener todas las respuestas.

Muchos padres me preguntan: «¿Cómo lo hago?». Lo que veo en estos casos es que, aunque disponen de mucha información, el problema es que no pasan a la acción.

Y es importante volver a insistir en que debes tomar la decisión inquebrantable de querer hacerlo, y perseverar. Es decir, primero tomar la decisión de hacerlo y después hacerlo cada día un poco, como un nuevo entrenamiento. Es sencillo.

Conectar cada día diez, quince o treinta minutos.

Herramientas para reconectar

A continuación me gustaría darte varias herramientas que aplico con mis clientes en las mentorías y formaciones y que te van a ayudar a elevar la conexión.

Herramienta 1: un nuevo enfoque

Esta herramienta es muy poderosa porque en el momento en que la pones en práctica estás dominando tu mente, gestionando tu estado emocional y, por ende, la acción que harás será diferente a la reacción de siempre.

Voy a darte tres enfoques diferentes de esta herramienta:

1. **Modelado en PNL (programación neurolingüística):** la PNL, desarrollada por Richard Bandler y John Grinder en los años setenta, utiliza el modelado como una

herramienta clave para transformar una situación y conectar con una nueva solución al instante. Se trata de recordar cómo actúa una de las personas exitosas a la que admiras y tratar de replicar sus estrategias. Imaginar cómo alguien más resolvería un problema es una forma de modelado mental.

2. **Pensamiento lateral:** Edward de Bono, pionero en el pensamiento lateral, promovió métodos para abordar problemas desde perspectivas no habituales. Imaginar cómo alguien más resolvería un problema es una forma de romper patrones rígidos de pensamiento y encontrar soluciones innovadoras.
3. **Psicología cognitiva:** la técnica se apoya en la «desidentificación cognitiva», que consiste en cambiar la perspectiva desde la que se observa un problema. Imaginar cómo alguien más lo abordaría ayuda a reducir el apego emocional al problema y permite una mayor claridad.

Por ejemplo:

Sonia y su hija habían salido en bici. Como ocurría de forma habitual, en una cuesta muy empinada, la hija de Sonia se bloqueó porque le costaba subir; entonces empezó a quejarse, a decir que no podía, y se paró. Lo que solía ocurrir hasta entonces era que Sonia seguía subiendo la cuesta, sudando, esforzándose y animando primero a su hija para que la siguiera y, después, quejándose porque siempre hacía lo mismo.

Esa vez, cuando vio que su hija se quedaba atrás, recordó el ejercicio del desbloqueo. En ese momento pensó en la formación y se preguntó a sí misma: «¿Cómo lo haría Carmina si estuviera aquí?». Automáticamente procedió a decir: «Hija, puedes hacerlo, vamos, sé que cuesta, yo estoy aquí y te acompañaré siempre, no te dejaré está sola. ¡Vamos!». En ese instante, su hija empezó a pedalear con fuerza y no solo subió la cuesta, sino que, al llegar arriba, le dijo a su madre: «Espera, mamá, voy a volver a bajar y la voy a subir otra vez. Gracias por animarme».

Herramienta 2: el filtro: preguntas de reflexión para elevar tu nivel de conciencia

Este filtro de preguntas lo aprendí de Yvonne Laborda y lo he adaptado para mis mentorías y talleres. Para realizar este ejercicio es necesario que seas lo más honesto posible.

Piensa en la situación que vives con tu hijo que más te perturba y contesta a las siguientes preguntas. Responde de forma reflexiva. Quiero que las tengas a mano para que, cada vez que suceda algo, puedas pasar este filtro. La toma de conciencia ampliará tu capacidad de cambio.

Ahora, siéntate en un lugar tranquilo, tómate tu tiempo para hacer este ejercicio, pues se trata de conectar con tu pasado para responder ciertas preguntas. Sé lo más sincero posible porque, si lo haces con honestidad, te abrirá una puerta de comprensión. ¡Adelante!

EJERCICIO

1. **¿Qué te pasa a ti con lo que sucede, con la situación, con el asunto?** (con la situación o momento que se repite con tu persona adolescente).

2. **¿Qué pensamiento tienes sobre el asunto?**

3. **¿Qué sientes cuando piensas eso?**

4. **¿Qué necesitas?** (conecta con tu necesidad profunda).

5. **¿Estás conectando con alguna situación parecida del pasado? ¿Con cuál?**

6. ¿Lo que le estás pidiendo a tu adolescente es realmente necesario, coherente y acorde a su edad o madurez?

....

....

....

....

7. ¿Estás viendo con perspectiva qué piensa, cómo se siente y cómo actúa? o ¿solo ves lo que necesitas?

....

....

....

....

8. ¿Has conectado antes? ¿Le estás haciendo una petición o una exigencia?

....

....

....

....

9. ¿Tiene que hacerlo ahora o sería posible hacerlo más tarde?

....

....

....

....

10. ¿Cómo y desde dónde se lo estás pidiendo, con amor y respeto o desde el enfado y la crítica?

....

....

....

....

Herramienta 3: reconocimiento emocional en tres pasos

Esta herramienta está basada en la teoría del procesamiento emocional y la neuroplasticidad. Esta última es la capacidad del cerebro para reorganizarse y adaptarse a nuevas experiencias y estímulos, creando para ello nuevas conexiones neuronales.

En el contexto de la neuroplasticidad, el procesamiento lateral se refiere a cómo el cerebro procesa la información que llega a través de los sentidos, especialmente en relación con la lateralización, es decir, la especialización de los hemisferios cerebrales para diferentes funciones. Por eso, este ejercicio te ayudará a identificar y regular tus emociones antes de interactuar con tu hijo adolescente.

EJERCICIO

1. **Pausa y nombra la emoción:** antes de reaccionar, identifica qué emoción estás sintiendo (por ejemplo, frustración, tristeza o miedo). Nombrar las emociones activa la corteza prefrontal y ayuda a regular la respuesta emocional.
2. **Respiración consciente:** realiza de tres a cinco respiraciones profundas para calmar la amígdala (el centro del miedo en el cerebro). Esto permite que tu sistema nervioso pase de un estado reactivo a uno reflexivo.
3. **Reencuadra:** pregúntate: «¿Qué historia me estoy contando?», «¿Qué estoy pensando para sentirme así?». Por ejemplo: «Mi hijo no me escucha» puede convertirse en «Mi hijo está frustrado y necesita apoyo». Busca una interpretación más compasiva y racional.

Este ejercicio aprovecha la plasticidad cerebral. Al interrumpir patrones reactivos y elegir respuestas conscientes, fortaleces las conexiones entre la amígdala y la corteza prefrontal.

Herramienta 4: el diario de las emociones compartidas

Este ejercicio se basa en el modelado de las emociones y te ayudará a fomentar la conexión emocional al compartir y validar sentimientos entre vosotros.

EJERCICIO

1. Crea un espacio en casa donde cada miembro de la familia pueda describir y compartir cómo se siente al final del día. Solo escucha.
2. Valida sus emociones sin intentar resolverlas de inmediato. Por ejemplo: «Entiendo que estés enfadado por lo que pasó con tu amigo. Es normal sentirse así».
3. Observa la relación que hay entre un pensamiento-emoción-acción-resultado.

Esta práctica estimula la actividad en las neuronas espejo, las cuales son fundamentales para la empatía. Asimismo, fomenta la interocepción y también la capacidad de percibir las propias emociones y las de los demás.

Nos vuelve, en fin, responsables y capaces de ver la relación entre que, cuando uno tiene un buen tren de pensamiento, se siente bien, y, si se siente bien, actúa bien, y, si actúa bien, obtiene buenos resultados. Es el resultado de la ley de causa y efecto.

Herramienta 5: escucha activa con presencia plena

Este ejercicio está basado en la práctica de la atención plena (*mindfulness*) y en el modelo de comunicación no violenta. Con esta práctica, aprenderás a escuchar a tus hijos sin interrupciones, juicios ni distracciones.

EJERCICIO

1. **Crea el espacio:** establece un momento del día para hablar con tu hijo (puede ser durante la cena o un paseo). Deja a un lado dispositivos y distracciones.
2. **Atiende al lenguaje verbal y no verbal:** mientras tu hijo habla, presta atención a sus palabras, tono y expresiones faciales.
3. **Refleja lo que has escuchado:** usa frases como «Entiendo que te sentiste...» o «Parece que te frustró cuando...». Esto refuerza la sensación de ser comprendido.
4. **Evita las soluciones inmediatas:** en lugar de dar consejos, pregunta: «¿Qué crees que necesitas para sentirte mejor?».

La escucha activa reduce la activación del sistema de amenaza en el cerebro (circuitos de estrés) y promueve la liberación de oxitocina, la hormona de la confianza. El efecto de esta escucha es una respuesta de cooperación, de tranquilidad, de calma por parte de tu adolescente.

Herramienta 6: la piedra de la gratitud diaria

Este ejercicio está basado en investigaciones sobre gratitud y bienestar emocional, como las de un libro que me leí hace quince años de John F. Demartini o las de *El libro de la gratitud*, de Rondha Byrne. Aquí lo que vas a conseguir es cambiar el enfoque de la mente hacia lo positivo y fortalecer el vínculo emocional familiar.

EJERCICIO

Lo primero es encontrar una piedra o un amuleto que os guste a todos, al que vais a llamar la piedra de la gratitud. Es un ritual que podéis hacer cada noche antes de acostaros. Puedes encender una vela y darle así un toque más ceremonioso. Consiste en que la persona que tiene la piedra nombre tres cosas por las que está agradecida de todo ese día y cuente brevemente el porqué, mientras los demás escuchan con atención. Después, pasa la piedra para que todos puedan hacer la ronda. Así, establecemos el hábito de un ritual y un momento de conexión profunda, de manera que los adolescentes aprenden que lo último que hacen antes de ir a dormir es rememorar el día y enfocarse en agradecer. Esto eleva la energía y fortalece el vínculo.

4

LA MENTALIDAD PARA ACOMPAÑAR AL ADOLESCENTE: LA BRÚJULA MENTAL

Hackear la mente para cambiar el paradigma educativo

Albert Einstein dijo: «No se puede resolver un problema desde el mismo nivel de conciencia que lo creó».

Desde que era adolescente, uno de mis temas favoritos ha sido la superación personal y el poder de la mente del ser humano. Por ello, empecé a estudiar la mente desde los distintos puntos de vista y desde diferentes disciplinas y enfoques. Dicen que quien busca encuentra, y eso es lo que me pasó, pero transcurrieron muchos años hasta entonces, durante los cuales buscaba sin dar con la claridad que yo sabía que tenía que encontrar.

Después de mi paso por la Universidad de Girona, donde estudié la carrera de Turismo, empecé a estudiar y a vivir mi propio proceso de crecimiento personal vinculado con diferentes disciplinas de la psicología humanista y otros enfoques: la terapia gestalt, la pedagogía sistémica, las constelaciones familiares, la terapia estratégica breve, el eneagrama, tantra, cursos de espiritualidad y manifestación, formaciones de metafísica…, y todas las formaciones de alguna manera me llevaban al mismo lugar.

Sin embargo, no conseguía tener esa claridad que anhelaba, que era entender por qué una persona actúa de la forma que lo hace y por qué siente lo que siente. Y lo que más anhelaba descubrir era cómo puede transformarlo de verdad. Me hacía preguntas como: ¿por qué unas personas llegan a ser felices y a tenerlo todo y otras no? ¿Qué pasa? Hasta que por fin encontré la respuesta que buscaba.

Gracias a la formación oficial de Proctor impartida en España por Israel Romero, conseguí la claridad sobre los paradigmas y la mentalidad que estaba buscando, y que explican por qué actuamos como lo hacemos y por qué vivimos la realidad que vivimos, y cómo se dan los cambios y la transformación de una persona.

Hoy en día, uno de los primeros pasos que trabajo con las familias es ver qué situación hay actualmente en su vida, es decir, la realidad que viven en el momento en que llegan.

La realidad que estás viviendo ahora tiene que ver con tu patrón mental, el cual se ha construido en fundamentos del pasado. Así que tendremos que hacer un *reset* para poder diseñar y construir un nuevo patrón mental. **Nunca podremos cons-**

truir algo nuevo desde las mismas ideas, los mismos estados emocionales, dando los mismos pasos, ni desde el paradigma del pasado.

Pero ¿qué es un paradigma? **Un paradigma es una multitud de hábitos**, y un hábito es una idea repetida muchas veces y que haces de forma inconsciente o automática. **Es una idea aceptada, que crees por repetición y, con el paso de los años, ya no la cuestionas.**

Vamos a observar qué tipo de acciones y conductas tiene la persona y la familia, cuál es el estado emocional en el que se encuentran y qué pensamientos son los dominantes. **Para transformar la realidad de una persona o familia es necesario explicar cómo es la mente, en qué paradigma está, cuáles son sus funciones básicas y cómo influye esto en la realidad**; solo así podremos cambiar la realidad en que vivimos.

Una de las cosas que más me ayudó es tener una imagen de la mente. Si hacemos un ejercicio juntos y te pido que imagines cómo es la mente de una persona, lo habitual, al menos en las familias que he trabajado, es pensar en un cerebro. Pero el cerebro no es la mente, o no lo es menos que el resto de tu cuerpo. Es decir, la mente está en todo tu cuerpo. Yo encontré la imagen de la mente gracias a que el doctor Thurman Fleet, que se la explicó a Proctor e Israel Romero, la compartió conmigo.

La mente: *stick person* o muñeco de palo

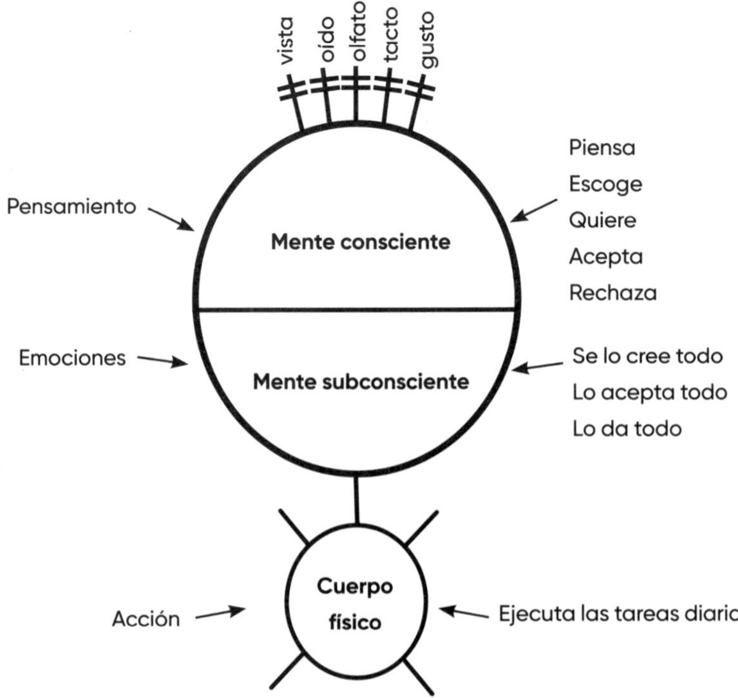

Ilustración basada en el modelo original de Thurman Fleet.

En esta imagen, te presento a la *stick person* o muñeco de palo, que, a partir de ahora, será la imagen de la mente más clara que hayas visto jamás.

El círculo grande es la mente dividida en dos.

La mitad superior decimos que es la mente consciente: el pensamiento, es toda la actividad consciente de pensar, escoger, querer algo, aceptar o rechazar.

En cambio, la mitad inferior es la mente subconsciente, la encargada de sentir estados emocionales; se lo cree todo, lo acepta todo, lo da todo por verdadero.

Y la tercera parte es el cuerpo, nuestro cuerpo físico, que es el encargado de pasar a la acción, de ejecutar todo aquello que hacemos en el día a día.

De la mente consciente salen cinco antenas, que son los cinco sentidos por los que nos llega la información, las ideas. Luego pasa a la mente subconsciente como emoción, y esta emoción provoca un movimiento en forma de acción. Una vez que has activado una acción, se da una reacción y, en medio, un resultado.

Vamos a verlo con un ejemplo.

Cuando Anna llegó a la consulta, estaba preocupada por su hija de trece años. Estaba agotada de luchar, tenía miedo a perderla y ya no sabía qué hacer para cambiar esa situación que la estaba alejando de su hija. Cuando se sentó en la butaca y la miré, sentí la certeza de que debíamos empezar la sesión desde un lugar de conexión interior. Muchas veces las circunstancias acaban dominando el estado emocional de los padres y las madres que vienen a verme, y esto no las deja avanzar.

Un recurso que funciona cien por cien es la autorregulación; mediante la respiración conseguimos bajar la tensión, reducir el nivel de ruido mental, autorregular el sistema nervioso, disminuir los niveles de estrés y volver al momento presente.

Así que la invité a cerrar los ojos unos minutos, a hacer unas respiraciones profundas, y empecé lo que en *mindfulness* se llama escáner corporal, que es tomar conciencia del cuerpo físico haciendo un ejercicio de reconexión con el cuerpo. Espiritualmente, es lo que conocemos como volver al momento presente. Eckhart Tolle habla de conectar con «el poder del ahora», con el momento presente, entrar en un mundo que es este instante. En pocos minutos, gracias a esta técnica, Anna reconectó con su corazón.

Cuando abrió los ojos, su energía no era la misma con la que había llegado. Estaba serena, emocionada y con una ligera sonrisa en su rostro.

Iniciamos la sesión de indagación, me contó que sentía miedo y eso la hacía sentir insegura todo el tiempo; sobre todo, abordar el día a día con su hija la ponía en alerta y no la dejaba estar tranquila ni disfrutar. Me dijo que entendía que la adolescencia es una etapa para hacer cosas nuevas y, pese a que lo comprendía racionalmente, no sabía por qué, pero no le permitía a su hija esa libertad que esta le pedía por miedo a perderla, a que le pasara algo, incluso manifestó que tenía miedo a fallar como madre.

Le expliqué que ante esa situación debíamos evaluar y reflexionar cada detalle de lo que estaba ocurriendo, es decir, íbamos a hacer una descripción de la realidad, de los resultados que obtenía y que no le gustaban, esos que ya no quería vivir más. Le dije que los apuntara en una hoja en blanco que íbamos a titular «RND: realidad no deseada».

Le pregunté si podía pensar en qué acciones hacía de manera más o menos consciente, incluso esas acciones que a veces sabía que no quería hacer, pero acababa haciendo y la acercaban a la realidad que no quería vivir. Me respondió que sí, y le pedí por favor que apuntara todas las acciones que hacía que la acercaban a esa realidad no deseada, y que las nombraríamos como acciones no deseadas (ACCND).

Anna se quedó observando las dos hojas que había escrito muy reflexiva y me preguntó: «Entonces, Carmina, ¿esto lo hago yo?». Le pregunté: «¿A qué te refieres?», y aclaró: «Sí, que ahora me doy cuenta de que estas acciones las hago yo y de que, actuando así, no me extraña que me vayan las cosas fatal con mi hija». A lo que yo respondí: «Interesante reflexión. Vamos a continuar. ¿Crees que, si cambiaras o mejoraras estas acciones, tu realidad y resultados cambiarían?». Y respondió un con rotundo y claro sí. Interesante...

Porque saber algo no implica saber aplicarlo, y mucho menos transformarlo de forma duradera.

La gran mayoría de los padres saben que tienen que empatizar y entender a su adolescente, pero la gran mayoría critica a su adolescente y no lo escucha. Saber algo no implica una acción alineada.

Anna y yo seguimos trabajando; íbamos por la mitad del trabajo de elevación de la conciencia.

Le sugerí que anotara como mínimo diez pensamientos que se repetía y que solía pensar sobre esa situación en concreto, sobre esos resultados, y empezó a escribir todo un listado de pensamientos con carga negativa de juicio, de creencias limitantes sobre la situación, sobre su hija, sobre ella misma. A estos los nombraríamos P.

Y, ya por último, le pedí que, debajo de esos pensamientos, apuntara cómo se sentía, las emociones con las que conectaba, y le presenté la imagen de los vórtices emocionales de la escala de orientación emocional de Esther Hicks y le indiqué que volviera a escribir todo lo que sentía cuando pensaba así.

Escala de orientación emocional de Esther Hicks

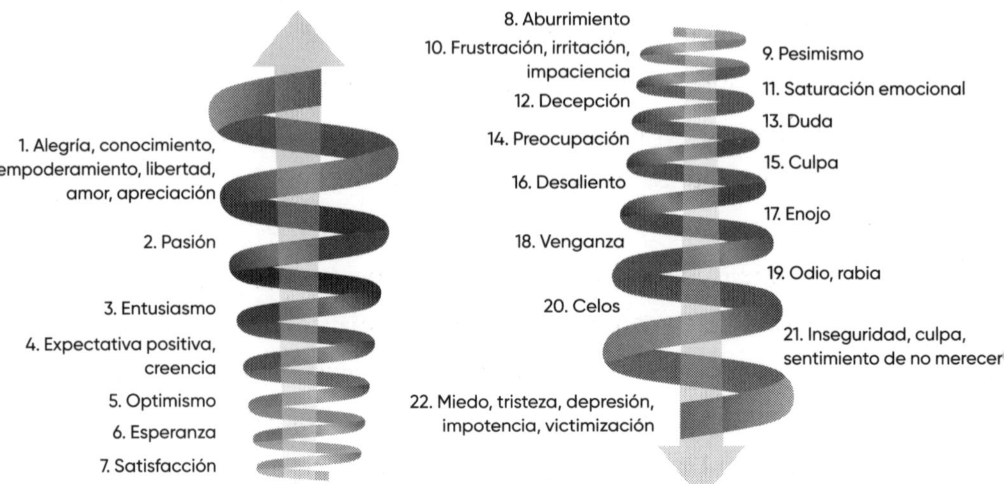

Ilustración basada en la escala de orientación emocional de Esther Hicks.

La escala de orientación emocional como recurso para calibrar las emociones

> La etimología de la palabra «emoción» apunta a la idea de un movimiento, una sacudida o una alteración del ánimo, y se ha considerado históricamente como una fuerza que impulsa a la acción y al sentimiento. Emoción significa vibración, es un movimiento en el cuerpo.

Para poder ayudar a las personas a las que acompaño, siempre recurro a un concepto visual, y en este momento le mostré a Anna los dos vórtices de la escala de orientación emocional, que me sirven para poder dar una explicación mucho más sencilla para hacer una buena gestión emocional. La invité identificar en qué vórtice de la escala de orientación emocional se encontraba ella. Hay algo sumamente importante de esta herramienta y es que, cuando eres consciente de tu estado emocional, lo coherente y saludable es poder escalar punto por punto el vórtice emocional en el que te encuentres.

Recuerdo que Anna luchaba contra su miedo y su estado de victimismo y quería llegar a sentirse tranquila y confiada. Pero este cambio dentro de la escala emocional implicaría demasiadas espirales de golpe y no sería coherente, no es creíble para la mente. Por eso es importante aprender a escalar los estados emocionales con este ejercicio. Gracias a él, Anna pudo hacer una muy buena transición en una sola sesión.

Sería como cuando subimos por las escaleras: para pasar del piso 3 al 7 voy a tener que pasar primero por el 4, el 5 y el 6. Ocurre lo mismo con los estados emocionales.

Le expliqué que todos los pensamientos que había apuntado en la hoja la llevaban a sentir la emoción que estaba sintiendo y le señalé el vórtice de vibración emocional en el que estaba. Le hice la reflexión de que, pensando así, era normal que se sintiera mal y, por lo tanto, se situara en el vórtice inferior, donde la energía es de completa irascibilidad y la atracción es de caos, problemas, confusión, etcétera.

Anna me escuchaba atentamente y, a la vez, abría los ojos y asentía sutilmente con la cabeza. Su cuerpo estaba diciendo: «Sí, esto tiene sentido para mí». En ese momento, me dijo: «Carmina, por primera vez me estoy dando cuenta de algo muy bestia. Nunca había tenido esta claridad. Pensaba que tenía que ir al pasado para entender qué es lo que me pasaba. Y ahora tengo una comprensión interna, una sensación de sentido brutal». «Bien —le respondí—, estamos en el meridiano de la sesión de transformación. Nos queda la parte de la transformación y aceptación». Y seguimos.

La segunda parte del ejercicio se trataba de hacer los mismos pasos, pero entrando en todo aquello que sí quería vivir como realidad, es decir, la RD: la realidad deseada. A continuación, le pedí a Anna que escribiera y ahondara en qué RD quería vivir realmente. Para ello, le expliqué la importancia de conectar con lo que quería de verdad, no con lo que era posible, **porque, si escribes lo que es posible, lo haces desde una mente limitada por lo que conoces, y esta mentalidad te llevará al mismo lugar**. Se trata, pues, de cerrar los ojos y conectar con lo que quería realmente sobre el asunto que estábamos tratando.

Se tomó varios minutos, la veía escribir con entusiasmo y le puse una música que invitaba a la conexión, y, cuando terminó, le dije: «Perfecto, ahora, quiero que apuntes qué acciones haría la persona que ya está viviendo esta RD. Es decir, si tú ya estuvieras viviendo esto que has escrito, qué estarías haciendo, qué pequeñas y grandes acciones harías». Anna me miró, empezó a sonreír y a escribir las acciones.

Después seguimos con el pensamiento y apuntó todo lo que pensaría esa persona si ya estuviera viviendo y actuando así. Finalmente, concluí: «Volvamos ahora a la escala de orientación emocional: si tú ya estuvieras pensando así, cómo sería tu estado emocional, cómo te haría sentir este pensamiento». Y Anna señaló dónde estaría en los vórtices y cómo se sentiría.

Al terminar, le pregunté: «¿De qué te has dado cuenta con estos dos ejercicios?». Y su respuesta fue arrolladora: «Carmina, me he dado cuenta de varias cosas; en primer lugar, de que llevaba mucho tiempo sumergida en unas emociones muy dañinas, y ahora entiendo por qué no podía salir».

Hay momentos en los que nos encontramos atrapados en un vórtice de negatividad; por eso es necesario, vital y urgente hacer algo diferente para salir de ahí. Anna estaba inmersa en pensamientos muy duros, tanto sobre sí misma como sobre su hija, y desde ahí todo parecía ir mal. Pero algo cambió.

Después de un solo ejercicio, me dijo que sintió un alivio físico, como si se hubiera quitado de encima un peso enorme. Fue como acceder a una comprensión profunda que le permitió ver las cosas de otra manera, más claras, más livianas. Me habló de cómo, por primera vez, sintió que la relación desde el respeto (RD) era posible de verdad. Que conectó con una especie de «llave maestra» que le abrió una puerta interior. Y lo más potente es que no necesitó que nadie le dijera lo que tenía que hacer. Ella sola, desde esa claridad, supo qué pasos quería dar a partir de entonces.

Me dijo: «Ahora me veo a mí misma y a mi hija con otros ojos». Y lo más impresionante… es que esto ocurrió en solo dos horas. Está profundamente agradecida. Y yo también, por poder acompañar a personas en procesos tan transformadores.

Es importante recordar lo que hemos visto anteriormente:

Solo las personas que quieren de verdad un cambio y una transformación, y confían en el proceso, consiguen el cambio.

Resulta evidente que una persona que dice que quiere el cambio, pero sus acciones no son coherentes con lo que dice, no quiere el cambio, sino que está programada para hacer lo que ya hace. Por eso es esencial el trabajo que hizo Anna, porque este le dio la oportunidad de darse cuenta de qué le estaba pasando, por qué le pasaba y cómo empezar a transformarlo. Solo así se puede conseguir el cambio.

Este es el ejercicio que hizo Anna:

PENSAMIENTO -	ACCIONES NO DESEADAS	REALIDAD NO DESEADA

EMOCIÓN -

PENSAMIENTO +	ACCIONES DESEADAS	REALIDAD DESEADA

EMOCIÓN +

Gracias al ejercicio, pasó de:

- Realidad no deseada a realidad deseada.
- Acciones no deseadas a acciones deseadas.
- Pensamientos negativos a pensamientos positivos.
- Vórtice emocional negativo a vórtice emocional positivo.

Esto demuestra que todo lo que había en la vida de Anna tenía que ver con todo lo que había en su pensamiento y, al cambiar su pensamiento, cambió su vida.

Al terminar la sesión, Anna me abrazó muy fuerte, y yo a ella. Nada me gusta más que dar abrazos, los siento como un regalo para mi alma, y recibí el abrazo de Anna llena de gratitud por haber podido trabajar con ella y acompañarla a desbloquear algo que llevaba muchos meses enquistado.

Reconocer el nivel de conciencia actual

El nivel de conciencia de una persona es la capacidad de darse cuenta de lo que está pasando. En psicología, el darse cuenta (o *awareness*) es la capacidad de estar presente y consciente de lo que ocurre en el momento, tanto en nuestro interior como en el entorno, sin juzgar ni analizar. Se trata de observar con atención nuestras sensaciones, emociones y pensamientos para comprendernos mejor.

Los niveles de conciencia son como un rascacielos. Desde la planta 3 tienes una visión, hay ruido y puedes ver las cosas más de cerca. Podríamos decir que desde esta planta solo accedes a lo que hay en ella, y no en otra. Desde la planta 133, sin embargo, tienes una mirada más amplia, hay menos ruido y ves las cosas con otra perspectiva, estás más lejos el suelo y más cerca del cielo. Podríamos decir que desde la planta 133 de la conciencia tienes acceso a otra información visual.

A los dieciocho años descubrí al doctor Hawkins gracias a un libro que tenía mi tía, que era muy lectora. De hecho, me gustaba mucho verla leer cuando los veranos íbamos a la casa de veraneo de mis abuelos. Allí todo era alegría, pasábamos las tardes en la calle con toda la pandilla. En general, los padres y madres de otros chavales nos dejaban entrar y salir de sus casas dentro de un orden, pero algo que me fascinaba es que estaban tranquilos, contentos y confiados. Me pregunté varias veces: «¿Por qué en la casa de veraneo todos están más relajados?». Y hallé la respuesta en este autor.

Cuando leí a Hawkins, descubrí que existía una escala de conciencia que no solo ordena las emociones y los estados mentales, sino que nos ofrece una forma de interpretar la vida desde la energía que emitimos y atraemos. Tras los años de investigación y acompañamiento a las familias, me he dado cuenta de que **los estados emocionales emiten una onda vibratoria dentro del sistema familiar**; no es al azar, es una elección consciente que transforma desde dentro hacia fuera.

La energía de cada persona de la familia y su estado emocional determinan la calidad de vida de toda la familia.

Por eso es interesante subir el nivel de conciencia dentro de la familia. Porque vibrar en niveles elevados, como el amor, la alegría, la tranquilidad, la paz, nos permite experimentar la vida desde un lugar de confianza, compasión y plenitud. **Estos estados no dependen de lo que ocurre fuera, sino de nuestra percepción interior.** Esto lo hemos visto en el gráfico de la *stick person*.

Según Hawkins, los niveles altos de conciencia generan salud emocional, claridad mental y relaciones más auténticas. Además, tienen un impacto positivo en nuestro entorno, ya que la energía que irradiamos afecta a los demás. En cambio, los niveles bajos, como el miedo, la culpa o la ira, suelen estar acompañados de estrés, conflictos, ansiedad y sufrimiento. Nos desconectan de nuestro verdadero potencial y nos hacen reaccionar en lugar de actuar con responsabilidad y libertad. Y, de hecho, eso es lo que llevo observando en las familias cuando llegan a la etapa de la adolescencia. Pero elevar la vibración **no significa evitar emociones difíciles, sino aprender a transitarlas con conciencia, liberarlas y avanzar hacia estados más constructivos, creativos y luminosos**. Los niveles altos de conciencia generan salud emocional, claridad mental y relaciones más auténticas.

Si analizamos lo que le pasó a Anna, podemos ver que hicimos dos cosas que la ayudaron a elevar su nivel de conciencia y a abrir su mente:

1. **Autoevaluación del paradigma educativo:** con el trabajo planteado, Anna pudo reflexionar sobre las creencias y patrones que estaba teniendo y estaban guiando la crianza de su

hija. En ese momento, dos preguntas importantes para elevar su nivel de conciencia fueron:

- «¿Estoy educando desde el control o desde la colaboración?».
- «¿Qué patrones aprendidos podrían estar perpetuando los conflictos en mi familia?».

2. **Identificar los resultados no deseados:** hemos visto que Anna descubrió que había tensiones recurrentes entre su hija y ella, y solo identificando los resultados no deseados pudo ser consciente de qué comportamientos o paradigmas propios estaban contribuyendo a esas dinámicas, y de este modo pudo empezar a transformarlos.

Cambiar el enfoque: de la reacción a la respuesta consciente

Noemí estuvo en una de las charlas que doy a las escuelas sobre adolescencia. Recuerdo que cuando llegó se sentó en la primera fila; la miré y vi en sus ojos las ganas y el entusiasmo por mejorar y, cuando la escuché hablar, percibí el desconcierto de no saber por dónde empezar ni cómo hacerlo.

Es algo que me dicen muchas veces las familias: «Cómo lo hago, me sé la teoría, pero no sé cómo llevarlo a la práctica para conectar con mi hijo». Y justo los «cómo» son los que pueden llevar a una madre o a un padre a mejorar la situación con sus hijos.

En la familia de Noemí se había roto algo entre madre e hija. Había enfado, desconfianza y desinterés por parte de la hija de Noemí. Aparentemente, en lo superficial se veía el rechazo y el enfado entre ellas. Las críticas, los juicios y los silencios estaban latentes a diario, hasta que decidieron distanciarse. Y aquí empezó un periplo día tras día para sanar el vínculo y recuperar la relación.

A mi modo de ver, **el amor siempre triunfa sobre el miedo o el odio**. Solo que a veces tarda un poco más.

Quiero detallar qué puntos fueron esenciales para que Noemí cambiara su patrón relacional con su hija adolescente de trece años y que también te ayudarán a ti a mejorar tu relación con tus hijos:

1. **Rompió el paradigma reactivo:** en lugar de reaccionar impulsivamente ante el comportamiento de su hija adolescente, adoptó un enfoque de liderazgo consciente que le permitió responder desde la calma y la intención.

2. **Mentalidad de crecimiento:** creer que podía y tenía la capacidad de reaprender, cambiar y evolucionar.

3. **Pasó de la necesidad de la obediencia al acompañamiento:** cambió de un modelo basado en la obediencia estricta a uno que fomentaba la autonomía y la confianza de su hija.

   - **Pasó del control a la conexión:** en lugar de controlar cada decisión de su hija adolescente, empezó a construir una relación de confianza donde el diálogo empezó a ser la base y el silencio con empatía fue crucial para poder conectar.

- **Pasó del juicio a la empatía:** cambió los juicios sobre el comportamiento de su hija adolescente por un esfuerzo consciente de entender sus emociones y necesidades, y solo haciendo el ejercicio de ponerse en su lugar de verdad consiguió que su hija empezara a confiar en ella otra vez.

- **Cambió la perspectiva:** comprendió que los problemas familiares que estaba teniendo con su hija no se resolverían insistiendo en los mismos métodos de siempre (gritos, vacíos y castigos), sino con nuevas formas de pensar y actuar.

- **Adoptó un enfoque sistémico:** es decir, empezó a ver a la familia como un sistema en el que cada miembro influye en el bienestar de los demás. Como un equipo.

- **Cambió de pregunta:** de **«¿Qué está haciendo mal mi hija?»** a **«¿Cómo puedo contribuir a un entorno familiar más amoroso y lleno de paz y alegría en casa?»**. Básicamente, la pregunta que la invité a hacerse en momentos de gran tensión y desesperación fue: **«¿Aquí cómo actuaría el amor?»**, y a esperar en silencio la respuesta, y después hacerlo. Esta pregunta la llevó a grandes momentos de autorregulación y dominio mental, a estados de calma que jamás antes había alcanzado.

Es importante tener en cuenta que el líder familiar que provoca inspiración y al que quieren seguir porque creen en él consigue:

- **Ser el líder como modelo:** los padres deben ser un ejemplo del cambio que quieren ver en sus hijos. Esto incluye mostrar paciencia, respeto y compromiso con el crecimiento personal.
- **Un liderazgo transformador:** así como un buen líder inspira a su equipo, un padre o una madre consciente inspira a sus hijos a través de sus propias acciones y actitudes.
- **Relaciones más sólidas:** un cambio de mentalidad fomenta la conexión emocional y reduce los conflictos.
- **El resultado es adolescentes más autónomos y resilientes:** cuando los padres elevan su nivel de conciencia, permiten a sus hijos desarrollar habilidades de autogestión y responsabilidad.
- **Entorno familiar positivo:** la transformación del paradigma educativo crea un espacio donde todos los miembros de la familia pueden crecer y prosperar juntos.

Un buen liderazgo familiar en la adolescencia

A continuación, se muestran cinco elementos que consiguen las familias cuando hacen el entrenamiento y lo aplican todo paso a paso:

1. Autodominio mental.
2. Autodominio emocional.
3. Se hacen cien por cien responsables de sus actos.
4. Toman decisiones rápidas y las verifican.

5. Si pueden mejorar, lo mejoran; están en constante evolución y aprendizaje.
6. Cuando hay asuntos familiares que atender, se enfocan en las soluciones, no en los problemas.

Tuve el honor de trabajar con la familia de dos periodistas internacionales que tenían dos adolescentes. Llegaron los dos abatidos, cansados y sin saber qué hacer. Todo empezó cuando recibí una llamada de María, la madre, donde me contó que el nivel de tensión en casa era muy elevado. Habían llegado a un punto de «así no podemos seguir», y una gran amiga de la familia les habló de mí. Se ve que le causó tanto impacto lo que le contó su buena amiga que decidió llamarme, y me dijo: «Quiero vivir esta transformación de la que me ha hablado mi amiga».

Le comenté que eso era fantástico porque con eso ya estaba en la mitad del camino. Cuando una persona quiere algo de verdad, se enciende un fuego interior de ir enfocada hacia allí, con decisión. Y se nota mucho cuando llega una familia y quiere con todo su corazón mejorar la situación, porque hay ganas, tienen confianza, no saben cómo pero confían en que, siguiendo los pasos, van a mejorar, y precisamente por eso mejoran.

He visto a familias que dicen que quieren mejorar, pero se quejan, tienen «excusitis», que es la enfermedad del victimismo; no hay coherencia, quieren cambios pero no quieren moverse, no siguen los pasos y, obviamente, no mejoran. Pero sigamos con la experiencia de María y su familia.

Una semana después de aquella llamada, nos reunimos para hacer la primera sesión. En ese encuentro descubrieron algo muy importante a través de la experiencia: aquello que les impedía sentirse en bienestar y cómo empezar a cambiarlo. Les propuse uno de los ejercicios básicos e imprescindibles cuando iniciamos un proceso de mentoría de transformación familiar: la rejilla de las áreas más importantes de la vida de Israel Romero que ya vimos en el capítulo 2.

Se trata de un ejercicio que te hace bucear en la realidad de tu vida y te conecta con lo más esencial e importante para después llevarte a un lugar de responsabilidad absoluta y así hacer todo lo que haga falta para mejorar. Con esta práctica introspectiva, te llevas en una sola sesión una claridad inconmensurable de cómo estás y hacia dónde tienes que ir, junto con qué puedes hacer ahora. Es de una eficacia y sensibilidad colosales; por eso empiezo con este primer ejercicio, porque las familias se llevan un baño de realidad y de foco que las ayuda a comprender cuál es el siguiente paso. Ven su vida como si cogieran un dron y tuvieran una gran perspectiva.

Se fueron de la primera visita en shock, pero con las ideas muy claras de cuál era el camino que seguir. La segunda vez que los vi, llegaron en silencio, se sentaron y les expliqué que para vivir esta etapa con exquisitez, conexión, firmeza y disfrute había que crear el estado necesario para que se pudiera dar lo que realmente querían. Es decir, desde el lugar de malestar e incomodidad, es difícil estar bien, y para crear un día a día lleno de tranquilidad es preciso hacer cambios, sobre todo de mentalidad, gestión emocional, hábitos diarios y acciones; con solo hacer estos cambios se consigue una transformación firme y duradera.

Para que pudieran tener una gran comprensión sobre ello, utilicé tres sillas diferentes: una era más antigua, la otra era una silla más moderna y la tercera era una silla ergonómica. De esta forma podíamos reflejar visualmente pasado, presente y futuro.

Con esta imagen lo que se pretende transmitir son los diferentes patrones de mentalidad que tienen como padre y madre y adónde los lleva cada silla. Es decir, van a tener unos resultados distintos según la silla en la que se sienten. Las sillas simbolizan la mentalidad, los patrones, los estados y los paradigmas.

- **La silla del pasado:** lo aprendido, lo automático, la forma de pensar aprendida en la infancia. Desde esta silla lo único que va a darse como resultado es lo mismo: tensión, discusiones, reacciones. Lo que ya conoces.
- **La silla del presente:** la mentoría, la nueva información, el poder de la intención nueva, parar y reformular, cuestionarte cómo quieres vivir tu vida familiar en esta etapa. Implica la creación de algo nuevo. Esto te llevará a vivir nuevos resultados porque vas a empezar a detenerte, a cambiar tus movimientos, tu comunicación, tus estados emocionales y, por ende, los resultados van a ser distintos. Aquí empezaron a ver cómo sus hijos no reaccionaban igual, escuchaban más, estaban más cariñosos.
- **La silla del futuro:** cuando ya has hecho la transición y el nuevo yo se siente como algo natural, cuando ya te has puesto en tu nuevo lugar, piensas diferente, sientes diferente y actúas diferente, por la ley de causa y efecto. Los resultados en este caso fueron que los hijos empezaron a contar más cosas, no se enfadaban, sino que les decían lo que necesitaban y empezó a reinar la amabilidad entre todos.

En función de la silla en que te sientes, vas a vivir una realidad u otra.

La decisión de qué espacio quieres ocupar en tu vida es tuya.

Lo que compartieron conmigo estos padres emocionados es que se habían dado cuenta de que podían elegir. Que eran libres de sentarse en una silla u otra. Y que la silla del pasado estaba ahí, sí, pero que podían elegir. Y estaban muy emocionados ante esa claridad y comprensión profunda. Era como si hubieran despertado del patrón de «no se puede hacer nada» o del «esto requiere mucho tiempo».

Venían de años de terapia, pero fue entonces, con estos *insights*, cuando ampliaron el campo de fuerza y magnetismo, cuando empezaron a ser interesantes para sus hijos adolescentes. Parece magia, pero solo es claridad; es comprender cómo funcionan los paradigmas de forma sencilla.

Es importante resaltar que con los patrones del pasado solo podían repetir los resultados que estaban teniendo, por eso era bueno empezar a integrar nuevas fórmulas. Pero estas fórmulas no existían; tenían que crearse. La cuestión es: ¿cómo podemos crear algo que no existe? Pues teniendo en cuenta las seis facultades mentales más poderosas del ser humano, orientadas a favor de crear algo que sí queremos. Este es el enfoque. Utilizar las seis llaves mentales para crear una nueva relación familiar.

Las seis llaves mentales para crear una nueva relación familiar en la adolescencia

A todas las personas a las que acompaño les explico que una de las herramientas más importantes de las que disponemos son las facultades mentales, y que vamos a trabajar con seis de ellas, que funcionan a la perfección para empezar a crear y construir lo que queremos vivir. Con ellas podremos reformular lo que está pasando. Después de más de una década acompañando a adolescentes y familias, me he dado cuenta de que las personas ya utilizan estas facultades, pero en la dirección equivocada, y eso lo estropea todo.

Percepción Voluntad Imaginación Memoria Razón Intuición

- **Percepción:** nuestra percepción es nuestro punto de vista, y si te das cuenta de que estás pensando por qué algo no es posible para ti, puedes cambiar la percepción y pensar en cómo sería posible para ti.
- **Voluntad:** te permite tener clara la idea que quieres y perseverar hasta conseguirla. De este modo puedes enfocarte y concentrarte.
- **Imaginación:** la imaginación crea fantasías, y desde la fantasía entras a un mundo nuevo. Es muy importante

recordar que todo lo que está creado ha tenido que ser antes fruto de la imaginación de alguien. Todo se crea dos veces: una en tu imaginación y la otra cuando se manifiesta en la realidad.

- **Memoria:** nuestra memoria es perfecta, solo que a veces es fuerte o es débil, como los músculos.
- **Razón:** la razón nos da la capacidad para poder originar pensamientos individuales y unirlos en forma de ideas. Podemos observar lo que hacemos y pensar acerca de cómo podemos hacerlo mejor. Partimos de la base de que controlamos nuestro pensamiento, y no deberíamos invertir tiempo en pensamientos negativos o en tener ideas y justificaciones de por qué algo no es posible.
- **Intuición:** a través de la intuición captas vibraciones e información de alto nivel que te ayuda a conectar con una parte más sabia de ti mismo, tu yo superior.

¿Y cómo aplicamos estas seis llaves en la vida familiar real?

Las seis llaves mentales están siempre en funcionamiento, aunque muchas veces lo hacen sin que nos demos cuenta y, sobre todo, en la dirección equivocada. Por ejemplo:

- Usamos la memoria para recordar lo que no funcionó, lo que dolió, lo que no se dijo.
- Usamos la percepción para ver problemas en lugar de posibilidades.
- Usamos la imaginación para crear catástrofes mentales en lugar de visualizar escenarios bellos.
- Usamos la razón para justificarnos en lugar de para crecer.
- Usamos la voluntad para resistir el cambio, no para sostener la transformación.

- Y usamos la intuición…, pero no la escuchamos, porque estamos demasiado ocupados reaccionando.

Por eso, cuando decidimos hacer conscientes estas facultades y ponerlas a favor de lo que queremos vivir, la vida cambia por completo. Cambia dentro. Cambia fuera.

EJERCICIO

Ejercicio de integración: las seis llaves en movimiento
Te invito a hacer este pequeño ritual contigo mismo o, si quieres, en familia:

1. **Memoria:** recuerda un momento en el que sí te sentiste conectada con tu hijo adolescente. Un momento real, sencillo, verdadero. Si lo viviste una vez, puede volver a vivirse.
2. **Percepción:** ¿qué estás eligiendo ver en tu hijo? ¿Sus errores o su alma? Cambia la lente, cambia la vida.
3. **Imaginación:** cierra los ojos y visualiza cómo sería vuestra relación si estuviera basada en la confianza, el cariño, la risa, la complicidad. Vívelo por dentro antes de que se manifieste por fuera.
4. **Razón:** ¿qué ideas nuevas puedes generar hoy para actuar diferente? ¿Qué podrías hacer que hasta ahora no te habías permitido?
5. **Voluntad:** sostén esa nueva forma de pensar y sentir. No solo un día. Todos los días.
6. **Intuición:** pregúntate en silencio: «¿Qué necesita mi hijo ahora mismo?». No lo que tú quieres darle. Lo que él realmente necesita. Confía en lo que te venga.

Estas seis facultades no son ideas abstractas. Son herramientas reales, activas, poderosas, y, cuando las pones al servicio del amor, pueden crear milagros cotidianos en casa.

Y no necesitas usarlas todas a la vez ni hacerlo perfecto. Solo empieza. El cambio comienza siempre con una mirada distinta, una palabra nueva, un gesto más suave.

Las seis llaves están dentro de ti. Y, si las usas con conciencia, podrás abrir esa puerta que lleva a la relación que siempre has soñado vivir con tu hijo adolescente.

Faros de inspiración

Las siguientes personas **desafiaron los roles familiares para ser quienes realmente vinieron a ser** y, además, utilizaron las seis llaves para crear algo increíble.

A mis alumnos les explico casos de éxito y superación de distintas personas referentes que **desafiaron las expectativas familiares, escolares o sociales** y que hoy inspiran por su autenticidad y coraje.

ARTES Y LETRAS

Mary Shelley

- **Edad:** escribió *Frankenstein* a los dieciocho años.
- **Cómo rompió el patrón:** mujer joven en una época dominada por los hombres en la literatura, dio vida al primer personaje de ciencia ficción.
- **Resultado:** obra maestra universal, precursora del género de ciencia ficción.

Jean-Michel Basquiat

- **Edad:** era adolescente cuando comenzó a pintar en las calles de Nueva York.
- **Cómo rompió el patrón:** afrodescendiente y autodidacta, se rebeló contra las normas del arte académico.
- **Resultado:** icono del arte contemporáneo, símbolo de libertad creativa y protesta social.

Gillian Lynne

- **Edad:** durante su infancia fue diagnosticada de «problemas de déficit de atención» .
- **Cómo rompió el patrón:** en lugar de aceptar esa etiqueta, su madre la llevó a una escuela de danza, donde encontró su lenguaje corporal.
- **Resultado:** coreógrafa de *Cats* y *El fantasma de la ópera*, revolucionó el teatro musical.

Zendaya

- **Edad:** comenzó como actriz de Disney, pero rompió con ese rol en la adolescencia.
- **Cómo rompió el patrón:** elige papeles complejos, produce sus propios proyectos y desafía estereotipos de género y raza en la industria.
- **Resultado:** actriz premiada, referente generacional.

Emma Watson

- **Edad:** fue elegida para interpretar a Hermione en *Harry Potter* a los diez años, sin experiencia previa.
- **Cómo rompió el patrón:** a medida que crecía, conectó con su voz como activista por la igualdad de género.
- **Resultado:** hoy combina arte, educación y activismo social con coherencia.

MÚSICA

Billie Eilish

- **Edad:** saltó a la fama con quince años.
- **Cómo rompió el patrón:** criada fuera del sistema escolar, creó su música desde casa junto a su hermano. No siguió los estándares de imagen ni estilo comercial.
- **Resultado:** icono global que redefine el pop con autenticidad, ganadora de múltiples premios Grammy.

Lady Gaga

- **Edad:** empezó a tocar el piano a los cuatro años y a componer con solo trece.
- **Cómo rompió el patrón:** en la adolescencia ya actuaba en clubs neoyorquinos. Fue considerada «demasiado excéntrica».
- **Resultado:** hoy es un icono global de autenticidad, arte y libertad personal.

Elvis Presley

- **Edad:** a los dieciocho grabó su primer tema.
- **Cómo rompió el patrón:** criado en una familia humilde del sur de los Estados Unidos, comenzó a cantar en la iglesia.
- **Resultado:** su estilo rompió con lo tradicional: mezcló géneros, actitudes y culturas, creando el rock tal como lo conocemos.

Michael Jackson

- **Edad:** debutó con The Jackson entre los cinco y los seis años y a los once ya era un fenómeno mundial.
- **Cómo rompió el patrón:** conectó con su talento desde niño y en la adolescencia empezó a forjar su estilo único.

- **Resultado:** su carrera marcó la historia de la música y la danza.

Taylor Swift

- **Edad:** a los catorce años se mudó con su familia a Nashville para seguir su pasión por la música country.
- **Cómo rompió el patrón:** escribía canciones inspiradas en su vida adolescente, lo que conectó con millones de jóvenes.
- **Resultado:** hoy es una de las artistas más influyentes y respetadas del mundo.

Rosalía

- **Edad:** empezó a estudiar flamenco desde niña y a los trece ya sabía que la música sería su camino.
- **Cómo rompió el patrón:** innovó en las estructuras puristas del género para crear algo propio.
- **Resultado:** hoy representa una fusión poderosa de raíz, rebeldía y vanguardia.

EMPRENDIMIENTO E INNOVACIÓN

Bella Weems

- **Edad:** catorce años.
- **Cómo rompió el patrón:** en lugar de seguir un camino escolar tradicional, creó su marca de joyería, Origami Owl, con una pequeña inversión inicial.
- **Resultado:** antes de cumplir los dieciocho años, su empresa ya era multimillonaria.

Mark Zuckerberg

- **Edad:** fundó Facebook a los diecinueve años.
- **Cómo rompió el patrón:** abandonó el camino universitario tradicional para emprender su visión de una red social.
- **Resultado:** es uno de los empresarios tecnológicos más influyentes del siglo XXI.

Jack Andraka

- **Edad:** a los quince años inventó un test de detección temprana del cáncer de páncreas.
- **Cómo rompió el patrón:** estudiante de instituto sin acceso a laboratorios universitarios, investigó por su cuenta y desafió el escepticismo adulto.
- **Resultado:** innovación médica reconocida internacionalmente.

LIDERAZGO Y ACTIVISMO

Malala Yousafzai

- **Edad:** comenzó su activismo a los once años.
- **Cómo rompió el patrón:** en una sociedad que silenciaba a las niñas, defendió el derecho a la educación, incluso tras sufrir un atentado.
- **Resultado:** premio Nobel de la Paz con diecisiete años.

Mensaje importante

Cada uno de estos artistas utilizó el poder de las seis llaves para perseverar en lo que querían de corazón y nunca aceptaron un no por respuesta a su deseo u objetivo.

Y, al fin y al cabo, no se trata de ser famoso, ni de destacar, ni de dejar huella en el mundo entero. **Se trata de atreverse a ser uno mismo.** De romper con lo que no vibra, con lo que pesa, con lo que oprime… **y dar espacio a lo que quiere crecer** dentro de ti.

Cada historia de este capítulo es un faro. No por el éxito que han conseguido, sino por el acto de valentía íntimo que hay detrás: confiar en la propia voz cuando todo alrededor decía que no.

Porque abrir las alas es un acto que no siempre se ve. A veces ocurre en silencio, cuando un adolescente empieza a escribir, cuando una niña canta en su cuarto, cuando alguien dice: «Esto no es para mí» y elige otro camino.

Y ahí es donde estamos nosotros, acompañando sin moldear, mirando con ternura, sosteniendo sin dirigir.

Deseo que este capítulo te recuerde que el don está, aunque no se vea aún, aunque no se nombre todavía.

Y que, a veces, el mayor acto de amor es creer en alguien justo cuando ni siquiera esa persona cree en sí misma.

A veces creemos que la vida de nuestros hijos se juega en sus decisiones. Y sí, claro que importa que en la etapa adolescente vayan tomando decisiones, pero, mucho antes de eso, está lo que nosotros, como adultos, decidimos creer.

Este capítulo ha sido un viaje por el interior de la mente de una forma sencilla, sabiendo que la mente es mucho más compleja, pero que lo sencillo se entiende y se recuerda. Hemos hecho un recorrido no solo por la mente consciente, sino también por la mente subconsciente que moldea nuestra vida, que es la que dirige nuestra emoción, una tierra donde crece todo lo que sembramos; por eso es tan importante observar y transformar todo lo que plantamos en ella.

Hemos visto que el cambio no ocurre cuando alguien nos dice qué hacer.

El cambio ocurre cuando comprendemos desde dentro lo que estamos generando con lo que pensamos, sentimos y actuamos.

Porque no es magia, sino elevar el nivel de conciencia, y ese nivel de conciencia es en el que vivimos y con el que educamos. Por eso este capítulo es una invitación a subir de planta en ese rascacielos mental, a ver las cosas con otra luz, desde otro prisma, a asumir la responsabilidad y sostener una nueva mirada, cambiarse de silla, elegir una nueva manera de pensar, sentir y hacer; solo así es posible que se dé una nueva realidad en tu vida. Y, si alguna vez dudas de hacia dónde ir, pregúntate: «¿Qué haría el amor aquí?».

Herramientas para el cambio

Herramienta 1. Reflexión diaria

Preguntarse al final del día: «¿Cómo he contribuido hoy a mejorar la relación con mi hijo?».

Herramienta 2. *Mindfulness* y autocontrol emocional

Practicar la pausa antes de responder ante situaciones desafiantes, para no actuar desde la impulsividad.

Herramienta 3. La máquina de derrumbar creencias

Identificar creencias limitantes sobre la adolescencia y sustituirlas por otras más constructivas. Esta práctica te ayudará a liberar ideas o maneras de pensar sobre tu hijo, y sobre la adolescencia en general, que te están impidiendo avanzar. Para ello, responde al siguiente cuestionario:

El filtro para desintegrar las creencias limitantes sobre la adolescencia

Pregunta 1: ¿Cuál es la creencia que quiero desintegrar?

....

....

Pregunta 2: ¿Cuánto me ha costado creer en esta creencia hasta ahora? A nivel emocional y en mi día a día.

....

....

Pregunta 3: ¿Cuánto me habrá costado si sigo creyendo en ella en un año? ¿Y en dos? ¿Y en cinco?

....

....

Pregunta 4: ¿De qué manera me está beneficiando seguir con esa creencia que provoca escasez de relación en mi familia? Esta pregunta te hace extremadamente responsable.

....

....

Pregunta 5: ¿Qué creo que tengo que hacer para mejorar?

....

....

Pregunta 6: ¿De dónde me viene esa creencia?

....

....

Pregunta 7: ¿Puedo encontrar al menos un ejemplo para el que no es verdad esa creencia en mi vida o en la vida de otra persona?

....

....

Pregunta 8: ¿Cuál es la perspectiva del universo sobre esa creencia en mi vida o en la vida de otra persona? ¿Qué me diría?

....

....

Pregunta 9: ¿Qué es lo contrario a mi antigua creencia?

....

....

Pregunta 10: ¿Qué ejemplos me confirman mi nueva verdad?

....

....

Pregunta 11: ¿Qué beneficios tendré al elegir esta nueva verdad?

....

....

Pregunta 12: ¿Y cuántos beneficios tendré en diez años?

....

....

Ahora escribe la nueva creencia que elegiste: «Mi nueva verdad ES ....».

Herramienta 4. El arcoíris en la adolescencia

TÉCNICA *RAINBOW*

Este ejercicio consta de dos partes. La primera parte es el *rainbow* original, cuya base viene del pensamiento lateral de Edward de Bono, también conocido como pensamiento divergente, y se enfoca en encontrar soluciones creativas y no convencionales a los problemas, explorando diferentes perspectivas y posibilidades.

A diferencia del pensamiento lineal, que busca una respuesta lógica, el pensamiento lateral busca romper patrones y explorar nuevas vías para resolver un problema. La segunda parte es el *rainbow* para los acompañantes de las personas adolescentes, una adaptación que he elaborado para ti.

1. *Rainbow* original: sobre mi vida, mis valores, mi esencia, mis sueños…

	¿Qué haría si tuviera?	¿Lo tengo?	¿Qué puedo hacer?
TIEMPO			
DINERO			
ENERGÍA			
ALIADOS			
CONTROL			
DETERMINACIÓN			
VALOR			

2. *Rainbow* para acompañantes de las personas adolescentes

	¿Qué haría si tuviera?	¿Lo tengo?	¿Qué puedo hacer?
EMPATÍA EN MOMENTOS DE TENSIÓN			
COMPASIÓN POR LA VIVENCIA ADOLESCENTE			
LIDERAZGO Y FUERZA			
COMUNICACIÓN CLARA Y CONCISA			
VALENTÍA			
CONEXIÓN EMOCIONAL			
PACIENCIA			
POSICIÓN DE ADULTO			

5

EL ROL EDUCATIVO MÁS EFECTIVO EN LA FAMILIA

Definir el rol educativo: ¿qué es un rol educativo?

Recuerdo una noche en la que estaba mirando al horizonte desde mi casa de la playa. En pleno corazón de la Costa Brava, veía las luces de las barcas de los pescadores, que iluminan el mar con puntos de luz. Fue en ese escenario tan bucólico, que invita a estar en paz, a los veinticuatro años, cuando tomé la mejor decisión de mi vida: no me voy a casar. Y, si alguien me pregunta por qué, diré la única razón y la más determinante: porque no soy feliz, no soy todo lo feliz que sé que puedo ser. Y en ese momento, en el instante en que decreté esa afirmación, mi cuerpo se quedó en paz. No sabía cómo iba a salir de ahí, pero la decisión estaba tomada.

A los pocos días, mi abuelo paterno enfermó, y la tarde en que fui al hospital a visitarle estaba tumbado en la cama y vi que señalaba el techo con un dedo. Y le pregunté: «¿Qué pasa, abuelo, qué ves?», y me respondió: «Mira, hay golondrinas allí, ¿las ves?».

Y yo, que había leído mucho sobre las experiencias cercanas a la muerte, el paso de la vida a la muerte, la física cuántica y esos temas que son muy difíciles de comprender y que la medicina y la ciencia no pueden explicar, sabía que hay personas que tienen experiencias especiales cuando están cerca de la muerte, así que le pregunté: «¿Y qué quieren decir estas golondrinas, abuelo?». Entonces me respondió: «Pronto vas a volver a casa, antes de lo crees, y vas a ser feliz, no te preocupes».

Me puse a llorar mientras mi abuelo seguía hablando de las golondrinas, y en ese momento supe que mi vida cambiaría para siempre. Para mí, fue una señal evidente de que estaba en el camino de la transformación. Y de que mi abuelo me había hecho llegar un mensaje de parte de Dios, el universo o un campo de información superior.

Me crie en una familia que me ha querido mucho, y me he sentido muy amada por mis padres y mis abuelos. De alguna manera, me han hecho saber que era bienvenida y apreciada. Y, si en algún momento dudé de ello, con los años he sabido cómo cuidarme y sostenerme; pienso que es un acto de amor cuidar de uno mismo, tengas la edad que tengas, y, precisamente, no resulta fácil amar lo que eres.

Esta es una de mis grandes misiones: ayudar a las personas a quererse a sí mismas. Pues yo tenía todo un escenario de amor, pero, sin embargo, no supe quererme ni cuidarme cuando más en peligro estaba.

Es muy importante enseñar a nuestros hijos a amarse a sí mismos y que sepan cómo hacerlo.

Mi gran desafío ahora como madre no está en querer a mis hijos y aceptarlos como son; no, eso ya lo hago. El gran desafío como madre es lograr que mi hija Laia y mi hijo Dídac se amen a sí mismos. Para lograrlo, es necesario comprender en qué rol educativo estamos, pero hay un matiz que se nos ha escapado a todos de las manos, y en este capítulo lo explicaré con claridad para que puedas tenerlo en cuenta y pueda servirte para tu vida y tu familia.

¿Qué implica tu rol educativo?

Recuerdo que, durante varios años, cuando estudiaba en la escuela, había una asignatura, Lengua Castellana, y cada año nos enseñaban el tema de la comunicación, y cada año era lo mismo: el emisor, el receptor, el canal, el código, los tipos de comunicación. Y yo me preguntaba: «¿Por qué nadie me explica la comunicación que yo tengo conmigo misma? ¿Por qué nadie me habla de la voz que tengo en mi cabeza que me habla todos los días? Si yo lo tengo todo dentro: mi emisor, mi receptor, y a veces me dice cosas buenas, otras veces me dice cosas muy feas, otras muy amables...».

Me he preguntado durante mucho tiempo por qué nadie te explica desde bien pequeña que **hay un emisor y un receptor dentro de ti**, que debes tener autodominio sobre esas voces que son tu pensamiento, y que tú en realidad eres la conciencia que observa esas voces.

A lo largo de mi vida, he tenido la suerte de irme encontrando a diferentes personas que me han acompañado haciendo de mentor o mentora, personas que me han abierto los ojos, y he podido crecer y superarme gracias a su guía y apoyo; estas personas las he encontrado en distintos tiempos y escenarios y me han ido guiando en el camino.

Pero fue a los dieciséis años cuando encontré a esa persona que me ayudó a entender mi voz interior, a mirarme con más amabilidad. Ella no lo sabe; en realidad, nunca sabes cómo puedes impactar con tus palabras, con tu mirada, con tu actitud a la persona que tienes delante. En esa época yo suspendí muchas asignaturas. Estaba en 2.º de BUP, mis intereses cambiaron, me di cuenta de que quería estar con mis amigos, que quería estar en el grupo de baile y hacer exhibiciones, y no me estaba organizando todo lo bien que quería. En el instituto, el nivel académico era muy alto, y yo tenía la necesidad de ser acompañada más emocionalmente que intelectualmente.

Cuando me dieron las notas, con casi todo suspendido, decidí que quería hacer algo bueno como estudiante. Hablé con mis padres, les dije que necesitaba un cambio; mi hermano había cambiado de instituto y le estaba yendo muy bien, así que me cambiaron a mí también. Al entrar al nuevo centro, conocí a Isabel, mi tutora durante los dos años de bachillerato.

Andaba bastante perdida, era nueva y me sentía muy insegura. Lo que me salvó fue su mirada; la primera entrevista con Isabel y todas las tutorías personales que tuvo conmigo me dieron seguridad, sentía que confiaba en mí. Me miró a los ojos, se puso en mi lugar, y eso me ayudó. Su mirada tuvo un impacto en mí que hizo que yo empezara a crecer, evolucionar, creer más en mí misma, y así pude superarme.

El rol educativo de los padres, adultos y educadores es el conjunto de los valores, creencias, comportamientos y métodos que utilizamos y transmitimos durante el aprendizaje, el desarrollo emocional y la formación ética de nuestros hijos.

Pero hay un matiz muy importante que he detectado, y es que en el paradigma educativo vigente hasta ahora el foco está en «yo como educador te digo a ti, el aprendiz, lo que tienes que hacer y pongo el foco y la dirección hacia fuera». Por ejemplo: tienes que respetar a tu hermano, pórtate bien, escucha a los mayores, pide perdón, da las gracias. Si te fijas, la dirección de todas estas acciones tiene el foco puesto en el exterior. Sin embargo, el gran desafío está en que aprendas a ir hacia dentro, a llegar a tu interior, a respetarte a ti mismo, escucharte, perdonarte y agradecerte.

El reto en la educación no está en que mi hijo aprenda cosas de fuera, o tenga respeto hacia los demás, quiera a sus amigos u ordene la habitación, no; **el gran reto es que sepa vivir de dentro hacia fuera**, que sepa cómo respetarse a sí mismo y cómo ordenar su mente y su corazón para después hacerlo en el exterior.

Este es el gran desafío por el que trabajo: enseñar a las personas adolescentes, jóvenes, padres y madres cómo amarse y qué implica quererse. Desde ahí el rol educativo, el cómo vamos a educar a nuestros hijos, adquiere otro matiz completamente diferente porque, a partir de ponerme en su lugar, puedo mostrarle el camino de vuelta a casa, tal como me dijo mi abuelo.

Vamos a reflexionar juntos: de pequeños nos enseñan a pedir por favor, a decir gracias al otro, a pedir perdón y disculpas, nos enseñan a ordenar la ropa sucia, a hacer los deberes, a invitar a los amigos a las fiestas, pero no hay un lugar donde la educación sea productiva, es decir, que dé frutos, y **solo puedes dar tus frutos al mundo si sabes cómo tenerte en cuenta**, sentir el poder de la gratitud en tu cuerpo, pedirte perdón por las veces que no te escuchas, ordenar tu pensamiento y discernirlo, hacer más de aquello que quieres y respetarlo, escucharte y tratarte como tu mejor amiga…

Por todo esto, es importante describir este rol educativo que da frutos exquisitos de dentro hacia fuera, para que puedas aplicarlo y te sirva para estar mejor.

Ocho características de un rol educativo productivo

1. **Es un ejemplo que seguir:** como adulto estás en la coherencia de ser un faro, alguien que piensa, siente y actúa de forma exquisita.
2. **Se adapta al cambio, es flexible:** va cambiando el enfoque educativo dependiendo de la etapa de la vida en la que se encuentre (infancia, adolescencia, juventud, adultez, vejez...).
3. **Brinda apoyo emocional:** siempre está disponible para escuchar y acompañar porque tiene un alto dominio mental, emocional y vive en bienestar.
4. **Fomenta la responsabilidad:** enseña constantemente a tomar decisiones responsables e invita a la reflexión de cada acto en lugar de depender de solo dar instrucciones.
5. **Tiene una alta regulación emocional:** no se deja dominar por las emociones, sabe autorregularse.

6. **Tiene autodominio de su mente:** sabe cómo dominar sus propios pensamientos y se enfoca siempre en la solución.
7. **Deja siempre con la impresión de incremento al otro:** sabe dar lo mejor a los demás porque tiene la absoluta certeza de que, cuando haces sentir bien a los demás, se crea un efecto dominó que hace que el bien se expanda.
8. **Sus acciones son acciones productivas y cuida mucho cada rutina** porque se nutre del orden y la exquisitez en sus hábitos diarios.

A continuación te comparto los errores más comunes en el rol educativo no productivo que detecto en la gran mayoría de las familias:

- Excesivo control o permisividad.
- Incoherencia entre lo que se dice y lo que se hace.
- Expectativas poco realistas con tintes muy negativos.
- Comunicación inefectiva o ausente.
- Necesidad de tener la razón.
- Críticas y juicios constantes.
- Ausencia de responsabilidad y sentimiento de culpa muy activo a la vez que se culpabiliza a los demás.
- No se hacen cargo de los errores, no reparan el daño causado.
- Exceso de imperativos y obligaciones.
- Miedo a perder el control.
- El centro de su vida es su hijo y los problemas de su hijo.
- Se enfocan en lo negativo.
- Explican constantemente lo mal que están.
- Tienen tendencia a querer pasar la responsabilidad a personas de su entorno.
- Siempre encuentran a un culpable y reiteran que, si no fuera por eso, no estarían así.

- No logran cambiar porque se identifican con el problema.
- No conectan con su ser esencial, están en el hacer y el tener.
- Quieren que su adolescente cambie primero para estar bien.
- Han perdido la confianza en sí mismos, quieren que los demás hagan el proceso de cambio, ellos no.
- Viven en estado de supervivencia.

Cómo pasar del rol educativo no productivo al rol educativo productivo

Rol educativo no productivo

- **Se centra en resultados inmediatos:** buscar que el hijo obedezca sin cuestionar.
- **Utiliza críticas destructivas:** resaltar errores sin guiar cómo mejorarlos.
- **Fomenta la dependencia:** resolver todos los problemas del adolescente en lugar de permitirle aprender de sus decisiones.

Rol educativo productivo

- **Enfocado en el largo plazo:** enseñar habilidades y valores que ayuden al adolescente a ser autónomo.
- **Acompañamiento positivo:** reforzar los logros y ofrecer guía en los errores.
- **Promueve la independencia:** permitir que los hijos se enfrenten a desafíos y aprendan de sus experiencias.

Qué pasos puedes seguir para transformar el rol educativo no productivo en productivo

- **Reflexión consciente:** pregúntate si las acciones educativas actuales están ayudando a tu hijo adolescente a desarrollarse, a crecer y a madurar.

- **Comunicación asertiva:** hablar desde la empatía, escuchando sin juzgar.
- **Incorporar hábitos productivos:** establecer rutinas familiares que promuevan valores y conexión.

Hay un paso vital y urgente que ya puedes dar y que va a elevar tu rol educativo productivo de forma inmediata:

Ten en cuenta que, si hay algo que hoy por hoy está dañando la relación, está dificultando la escucha y la comunicación entre vosotros, es decir, está complicando la conexión, es momento de reformular y reparar, es momento de tomar decisiones. **Si hay algo que es dañino para tu adolescente, es momento de dejar de dárselo.**

Véanse, por ejemplo, las pantallas, la exposición a las redes sociales; la relación con toda la parte digital la podrá mantener, pero lo tendrá que hacer cuando tenga la madurez adecuada. En mi experiencia acompañando a centenares de alumnos y familias, mi conclusión es clara, breve y concisa: igual que una persona no puede conducir hasta los dieciséis en algunos países o hasta los dieciocho aquí en España, con las redes sociales, los contenidos de internet, la IA, etcétera, hasta los quince o dieciséis años no habría que darles móviles con conexión a internet.

Pueden utilizar otros dispositivos: un teléfono para comunicaros, pero sin internet, que sirva para poder tener información de localización y para hacer llamadas puntuales urgentes, etcétera.

A partir de los dieciséis adelante, con la educación necesaria para que puedan hacer un uso responsable y seguro de él, puedes darle un teléfono con internet. Porque, de este modo, te aseguras de que podrá gestionarlo e irá aprendiendo de manera autónoma con las bases que le has proporcionado.

¿Qué bases puede tener un niño de once años frente a todo internet? Es un crimen darle a un niño de ocho, nueve o doce años un móvil abierto al mundo de las redes sociales, las plataformas, las aplicaciones. Desarrollaré esto con más detalle en el capítulo dedicado a las facultades del cerebro en el que se incluye el caso de un niño de doce años que le dio la Play a su madre y voluntariamente le dijo: «Guárdamela, me estoy quedando sin vida».

Definir la dinámica familiar: ¿qué es y cómo afecta al desarrollo?

La dinámica familiar se refiere a los **patrones de interacción, comunicación y roles que has establecido dentro de la familia. Estas dinámicas influyen directamente en la forma en que tu adolescente se relaciona con el mundo y maneja sus emociones.**

El factor común que he visto en las familias es que los hijos han aprendido en un 80 o 90 por ciento a pensar, gestionar las emociones y actuar a partir de lo que ven en sus padres. Y es importante estar en paz con ello, y ser muy responsable y coherente, pues nuestros hijos son parte de nuestro entorno, y nuestro entorno es nuestro espejo. Por lo tanto, nuestros hijos son nuestro espejo.

Recuerdo a la familia de Clara, una adolescente de doce años que, según su madre, Elisenda, estaba muy desbocada, o, al menos, eso es lo que me dijo cuando me llamó. Considero interesante fijarme en las palabras que las personas utilizan porque así puedo ver con qué estados mentales se están relacionando. Si recuerdas la *stick person*, si piensa en «desbocada», su estado emocional va a ser uno muy concreto, y sus acciones van a estar determinadas por este pensamiento.

Veamos qué está pasando con la *stick person*, pues te ayudará a comprender y te traerá claridad:

Cómo está la madre:

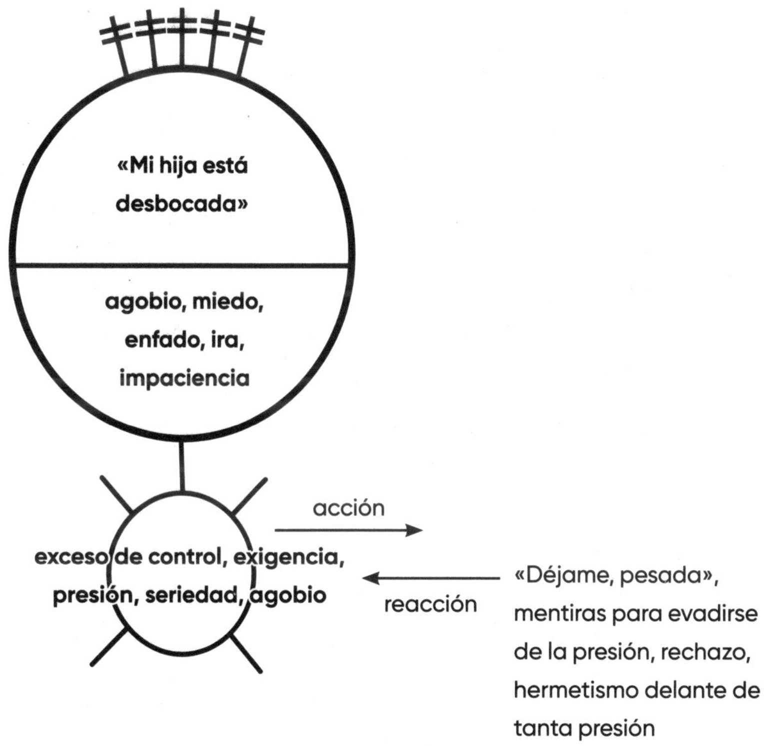

Cómo está la hija:

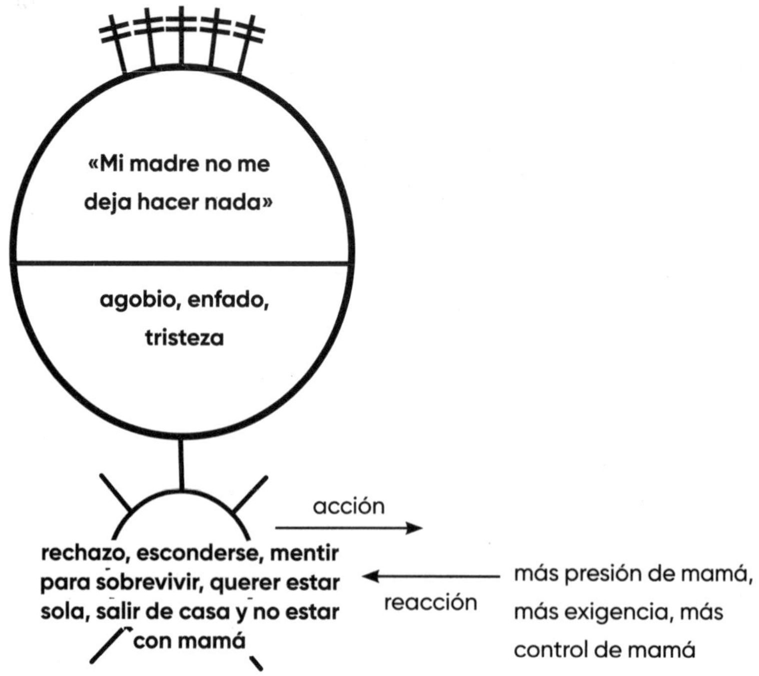

Como podemos ver, madre e hija están metidas en un círculo vicioso debido a la ley de la causa y efecto, y podrían estar así durante años, sin darse cuenta de que la persona más consciente es la que puede romper este círculo vicioso y pasar al círculo virtuoso, transformando así esta situación de una manera fácil, divertida y sin esfuerzo.

Aunque parezca ciencia ficción, es cuestión de comprender qué está pasando, entender la teoría y empezar a actuar de manera efectiva y productiva.

Muchos padres y madres con los que he trabajado sabían todas las teorías, pero no estaban teniendo los resultados que querían; había una distancia demasiado grande entre el saber y el hacer, entre saber la teoría y la aplicación adecuada para obtener los resultados que querían.

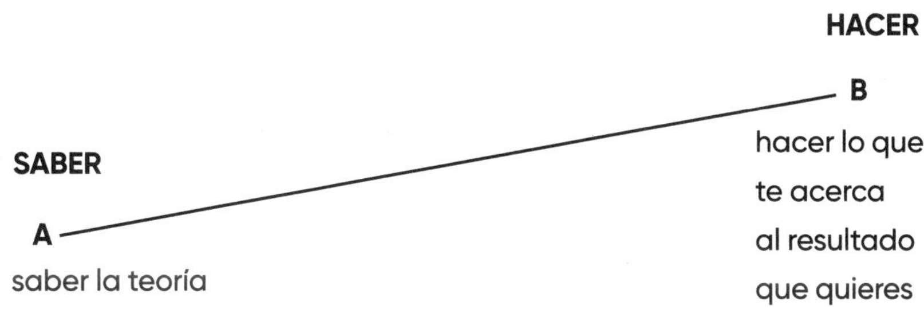

Lo que consiguió la familia de Elisenda gracias al trabajo de mentoría de transformación familiar es reducir esta distancia, comprender por qué les pasaba lo que les pasaba y cómo podían cambiarlo con total claridad. Una de las cosas que me dijo Elisenda es que había entendido lo que estaba pasando y, por primera vez, se sentía capaz, tenía la claridad necesaria, y empezó a aplicar todo lo que había aprendido en mi entrenamiento de mentalidad y gestión emocional.

Descubrimos que la autoimagen, el concepto que Elisenda tenía de sí misma (es decir, sus creencias limitantes), era este:

- No soy buena madre.
- No sé gestionar mis emociones.
- Soy fatal para mi familia.
- Soy buena en mi trabajo, pero no como madre.
- Soy una histérica.
- No valgo para esto.

Todos estos autoconceptos están en la mente subconsciente y son los que pilotan las acciones, son las que mueven el engranaje, son hilos invisibles que nadie ve, ni siquiera ella.

Una de las soluciones más drásticas fue hacer un gran ejercicio de autoimagen y autoconcepto de ella misma. Solo así podría empezar a ver los cambios.

Este ejercicio que voy a compartir contigo es el más revelador que he puesto en práctica, y ha ayudado a centenares de familias a tener una gran comprensión de lo que ocurría en su hogar en una sola sesión. Sus aplicaciones pueden ser mucho más amplias, y por eso lo quiero compartir contigo, para ayudarte a mejorar tu vida.

Prepárate para sumergirte en el alto rendimiento del crecimiento personal dentro de la familia con el ejercicio PEAR: pensamiento, emoción, acciones, resultados.

Este ejercicio va a sumergirte en tus patrones de pensamiento, de estado emocional, de acciones y hábitos educativos, y verás los resultados que te traen. Solo viendo todo este universo podrás hacer la segunda parte del ejercicio para poder comprender cómo puedes entrenar el nuevo patrón de pensamiento a tu favor, el nuevo estado emocional, las acciones alineadas con tu nuevo yo, lo cual te traerá los resultados que quieres.

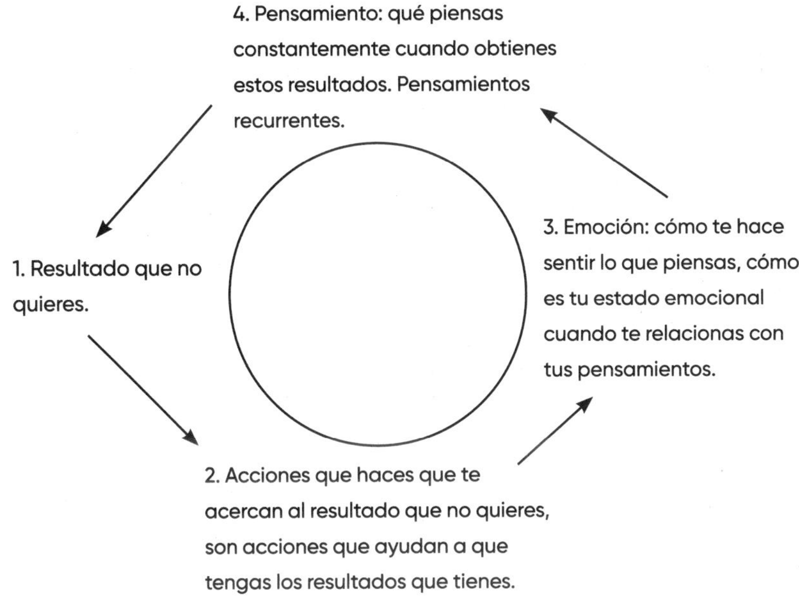

Para hacer la segunda parte del ejercicio tienes que respirar, ser muy honesto y empezar a escribir el punto 1: qué es lo que quieres. Para ello, la guía que te ayudará es empezar a apuntar el polo opuesto de lo que has puesto en el ejercicio de arriba.

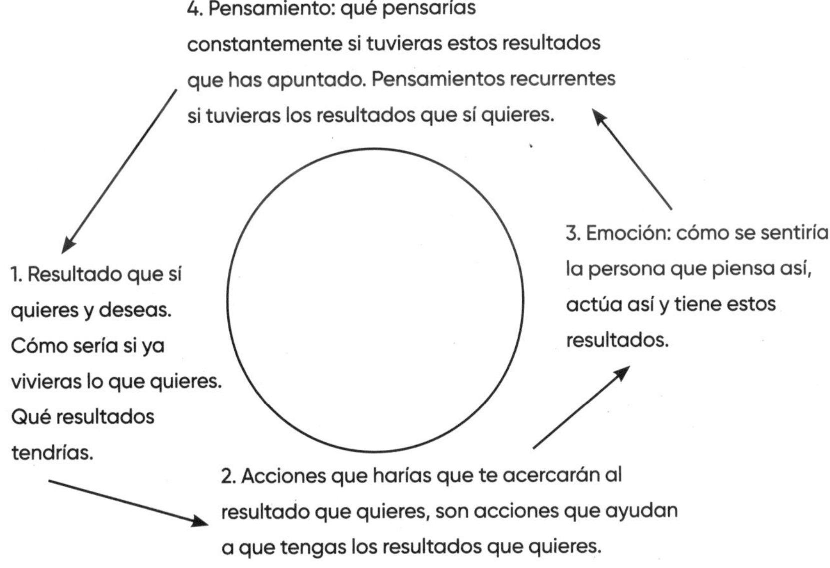

Gracias a este último ejercicio, tienes el mapa de cómo obtener los resultados que quieres y cómo alinearte con las acciones, las emociones y los pensamientos.

Al terminar este ejercicio, Elisenda me dijo: «Dios mío, Carmina, acabo de caer en la cuenta de que es normal que esté así con mi hija. Viendo estos dos ejercicios, veo clarísimamente qué estaba pasando y qué puedo hacer ahora para conseguir lo que he escrito en la R del ejercicio 2. En realidad, he visto claro qué puedo mejorar en cuanto a mi P, mi E y mi A».

En el momento en que Elisenda asumió la responsabilidad y empezó a ser y a hacer lo que ella misma en el ejercicio había visto y descubierto, la situación con su hija empezó a cambiar.

Solo si el cambio es desde el interior se ven los resultados en el exterior.

Tipos de familias

A lo largo de más de diez años acompañando a familias y haciendo un trabajo casi de artesanía familiar, he observado que existen dos tipos de familias según su mentalidad, gestión emocional y acciones. Esta visión, además, corrobora los tipos de familia que definió la psicoterapeuta familiar Virginia Satir.

Una **familia nutricia o funcional**, para mí, es una familia consciente, despierta, presente. Según Satir, es aquella en la que los miembros se sienten amados, libres, respetados, y en la que los problemas son vistos como oportunidades para crecer. Es un entorno familiar donde se encuentra apoyo, comprensión y amor, incluso cuando otras áreas de la vida fallan.

En una familia nutricia, los miembros:

- **Sienten amor y respeto:** se valoran entre sí, se escuchan y se apoyan.
- **Se sienten libres para expresar sus sentimientos:** se pueden comunicar abiertamente, incluidos sus desengaños, temores y alegrías.
- **Tienen alta autoestima:** se sienten valiosos y capaces.
- **Tienen reglas flexibles y humanas:** las reglas son adaptables a las necesidades de la familia.
- **Se comunican de forma sincera y directa:** hablan con voz clara y sonora, y se ven como normales los contactos físicos y la demostración de afecto.

La **familia no nutricia**, para mí, es una familia que está en un nivel de conciencia más bajo y no se da cuenta de que hay otra forma de vivir.

Estas familias **dificultan el desarrollo emocional y personal de sus miembros** debido a patrones de comunicación disfuncionales y a un entorno emocional negativo.

- **Características:**
  - Comunicación indirecta o ineficaz.
  - Falta de validación emocional.
  - Relaciones basadas en el control, la crítica o el distanciamiento.
  - Resolución de conflictos mediante la evasión o el enfrentamiento.
- **Resultados:** los niños que crecen en familias no nutricias pueden desarrollar problemas de autoestima, dificultades para manejar conflictos y patrones de relación disfuncionales en la adultez.

Transición

Objetivos de la transición

1. **Fomentar la autoestima:** ayudar a los miembros de la familia a sentirse validados y valiosos.
2. **Promover la comunicación abierta:** enseñar a las familias a expresar pensamientos y emociones de manera efectiva.
3. **Reconocer los roles familiares:** identificar cómo cada miembro contribuye a la dinámica familiar, tanto de manera positiva como negativa.
4. **Facilitar el cambio:** empoderar a las familias para modificar patrones disfuncionales y construir relaciones nutritivas.

Los pasos que se deben seguir para pasar de ser una familia no nutricia a una nutricia son los siguientes:

- **Paso 1. Reconocimiento:** identificar patrones de comunicación y roles familiares disfuncionales.
- **Paso 2. Validación emocional:** fomentar un entorno donde las emociones y necesidades de cada miembro sean escuchadas y respetadas.
- **Paso 3. Comunicación efectiva:** trabajar para adoptar el estilo del nivelador en las interacciones diarias.
- **Paso 4. Flexibilidad:** romper con los roles rígidos y permitir que cada miembro evolucione de manera saludable.

Soy una apasionada de las buenas preguntas, porque te llevan a nuevas comprensiones. Por eso te invito a responder a las siguientes preguntas, que te ayudarán a hacer la transición del conflicto a la nutrición familiar.

EJERCICIO

Ejercicio de reflexión para padres: comunicación empática con hijos adolescentes

Objetivo: promover una comunicación más consciente, empática y efectiva con los hijos adolescentes para convertiros en una familia nutricia.

Instrucciones: responde de forma honesta, sin juzgarte. La clave es tomar conciencia, no buscar la perfección.

Vamos allá.

1. ¿En qué momentos suelo interrumpir o dar consejos sin escuchar del todo lo que mi hijo me quiere decir?

   ....

   ....

2. ¿Qué emociones me despiertan sus reacciones o actitudes adolescentes? ¿Cómo las gestiono?

   ....

   ....

3. ¿Cuándo fue la última vez que le pregunté cómo se sentía realmente, sin intentar corregirle ni dar soluciones?

   ....

   ....

4. ¿Cómo interpreto su silencio o distancia? ¿Estoy asumiendo cosas sin preguntar?

   ....

5. ¿Qué necesidades personales (tranquilidad, control, reconocimiento...) interfieren en mi forma de comunicarme con él?

   ....

   ....

6. ¿Qué frases suelo usar que podrían sonar críticas o descalificadoras, aunque no sea mi intención?

   ....

   ....

7. ¿Qué tipo de escucha ofrezco habitualmente: empática, superficial, defensiva...?

   ....

   ....

8. ¿Hay algo que no me atrevo a decirle desde la vulnerabilidad? ¿Por qué?

   ....

   ....

9. ¿Qué me gustaría que mi hijo sintiera cuando habla conmigo? ¿Estoy generando ese espacio?¿Por qué sí y por qué no?

   ....

   ....

10. ¿Qué pequeño cambio concreto puedo aplicar esta semana para comunicarme con más presencia, respeto y empatía?

    ....

    ....

Acompañar a un adolescente no es una carrera para ver quién tiene la razón. No es obligar al otro a ser como yo creo que debe ser. No. Es un viaje de regreso a su esencia y poder conectar también con la nuestra.

Este capítulo es un mapa que te invita a observar más adentro, a cambiar la dirección de tu mirada para dejar de obcecarte con tu adolescente y mirar hacia ti; transformarte tú para que el entorno pueda mejorar contigo. Porque **la verdadera educación no empieza en el otro**, ya hemos visto que **empieza en uno mismo**. Y ahí, en esa mirada exquisita y honesta, descubres que tu rol educativo no es repetir lo que aprendiste, lo que te dijeron, ni se trata de mantener la imagen de una familia perfecta. **Nuestro verdadero rol como padres y madres es ser puentes de regreso al amor propio**, ser un faro que no grita, sino que está iluminando el camino de vuelta a casa. Se trata de que te transformes en una persona que sabe amarse, regularse, pensar y sentir a la vez que da lo mejor de sí con exquisitez y enseña con el ejemplo, sin palabras, con hechos.

Lo que aprendí de lo que me dijo mi abuelo esa tarde en el hospital, y de tantas familias como las de Elisenda, es que el cambio empieza en el momento en que te haces responsable, no desde la culpa, sino desde el deseo profundo de vivir con más presencia, más verdad y más paz. Y que, cuando en una familia una sola persona se atreve a romper el círculo vicioso y empieza a construir el círculo virtuoso, algo inmenso sucede. Se crea algo nuevo, se abre un nuevo camino lleno de posibilidades, se recupera la esperanza y el vínculo empieza a sanar. Es volver al origen, es volver a casa.

6

EL ESTADO EMOCIONAL MÁS ELEVADO ES EL BIENESTAR

La familia del siguiente ejemplo llegó a mi vida como un regalo. De ellos aprendí que, cuando uno quiere un cambio de verdad, o cuando el dolor por quedarte en el mismo lugar de insatisfacción es más grande que ir hacia un nuevo lugar, te entregas, te rindes, decides que ya no quieres volver a ese lugar, y entonces llega la transformación más importante de la vida.

Algunos de los trabajos con familias los hago *in situ*, y, cuando Núria me llamó, no dudé ni un segundo en ir. Cuando llegué a su casa, vi que era un lugar precioso en medio de la naturaleza. Aquello me pareció una mansión rústica. Al entrar, pude deleitarme con los rincones naturales y los espacios decorados con exquisitez.

Enseguida pude conectarme con la familia. Había mucho amor y delicadeza, pero también un desorden demasiado pesado de sostener. Me instalé y me preparé para la sesión más importante de la vida de esa familia. Los vi dos veces. Y esas dos sesiones fueron suficientes.

Nos reunimos en la casita que había en la entrada, un espacio que había sido el antiguo pajar, y empezamos el trabajo de transformación. La situación era que la madre se sentía distanciada de su hija mayor. No encontraba la manera de conectar con ella y había tensión entre ambas. No era una tensión extrema, pero sí una tensión diaria y sutil. A menudo, veo a muchas familias que han normalizado cierto rechazo, y esto, sostenido en el tiempo, abre una herida que es demasiado profunda.

Núria, la madre, se había dado cuenta de que así no podían seguir. Ella había leído libros, se había formado, había cuidado mucho la etapa de la primera infancia, sin embargo, el malestar, la tensión y la incomodidad se habían asentado en casa. Esto ponía de manifiesto algo que llevo observando en muchas familias durante años.

Hay un nivel de juicio y crítica silencioso que es familiarmente aceptado. Cada familia tiene el suyo. A veces es muy evidente, otras veces no lo es tanto, pero los reproches, la culpa y la distancia van ganando terreno.

En esa primera reunión se movieron muchas cosas, porque ambos padres estaban preocupados. Internamente sentían cierta tristeza y por fuera había momentos en que se mostraban enfadados. Al inicio solo hablaban de su hija, su adolescente. El foco estaba puesto fuera.

¿Dónde ponían la atención? Fuera. En el problema.

Algo sobre lo que los invité a reflexionar era que, si se pone el foco en el problema, se hallan más razones para mantenerse en él.

Para transformar una situación, para salir de ella, hay que enfocarse en las soluciones. Y, si no las tenemos, las creamos.

Crear soluciones y darle la espalda al problema, esa es la clave.

Cuando una familia como la de Núria está en un bucle, dando vueltas sobre lo mismo, no saldrá de ahí. La idea que les propuse fue darles opciones para salir del laberinto. Quizá una posible solución es subirse a una escalera, escalar las paredes y desde ahí divisar las posibles salidas. Cuando nos enfocamos en la solución, esta aparece.

Hoy no vamos a mirar el problema. Le vamos a dar la espalda.

¿Por qué? Porque quiero que reforcemos nuevas ideas, nueva mentalidad, nuevos estados emocionales, nuevas acciones y hábitos. Porque solo desde la nueva creación podréis crear nuevos resultados.

Les dejé claro lo que en ese momento les tocaba decidir: seguir mirando el problema, los porqués del problema, las razones del problema, el pasado del problema (ojo, no digo que no sea lícito hacerlo. Solo invito a reflexionar sobre si haciéndolo obtienes los resultados que quieres), o algo mucho más desafiante para nuestra mente: enfocarnos en lo que sí queremos.

No trabajo con nadie que no responda a dos preguntas importantes. La primera es: «¿Quieres de verdad, a un nivel profundo, mejorar? Si la respuesta es que sí, entonces soy tu mentora». Y la segunda es: «¿Eres capaz de seguir los pasos y hacer lo que tengas que hacer para mejorar? No trabajo con ninguna persona que quiera seguir los patrones del pasado. Desde el pasado no se puede construir nada nuevo».

He estado ahí, y mi vida no cambió. Cero. Nada. He estado en grupos de terapia dando vueltas a las cosas, constelando, mirando, sanando, rompiéndome por dentro y por fuera. Y mi vida no cambiaba. Solo daba vueltas en un mismo lugar. Los cambios no llegaban.

Para que haya cambios, necesitas dejar atrás los patrones mentales, los estados emocionales, las acciones y conductas que has hecho hasta ahora.

Es más, cuando hay una gran transformación, hay una parte de ti que muere, que se queda fuera de la nueva ecuación. Hay partes de ti que ya no pueden venir contigo a tu futuro.

Núria y su marido respondieron que sí a ambas preguntas, y se comprometieron a aplicar y llevar a cabo sin cuestionar las bases del entrenamiento. Salieron de la espiral negativa, traspasaron la barrera del miedo a perder y recuperaron la mirada en la grandeza de su hija adolescente. Era como si hubieran podido despertar de una pesadilla. Recuperaron la ilusión por vivir juntos los cuatro: los padres, la hija mayor y la pequeña, y pasaron a sentir alegría, gozo, fortaleza y confianza. Y, cuando las familias están en ese estado tan elevado a nivel mental y emocional, los asuntos del día a día se resuelven con facilidad.

Recuerdo uno de los ejercicios que hicimos, cuya base es la terapia sistémica, una reconciliación con todo lo que fuiste. El ejercicio que hicimos fue un viaje al pasado, a cada parte que has sido, como si fueras a visitar a tu niño, a tu adolescente, a tu joven, hasta llegar al momento actual, y reconectaras con cada parte para ver qué ocurrió, qué dolió y poder así sanar las heridas. Gracias a esto, la familia se reconcilió con sus niños interiores, con sus adolescentes, con sus adultos. Y, cuando hay perdón verdadero, algo en el alma de las personas se descongela. Eso te permite reconectar con lo que tienes delante.

Esta familia recuperó la chispa y la conexión, la alegría por querer estar juntos desde un lugar fácil, con mucha complicidad.

A la mañana siguiente, la sesión fue colosal. Asentaron las bases y la revelación fue aún mayor. No por la complejidad de las dinámicas y los aprendizajes, sino por la sencillez de cada reflexión. La familia se había dado cuenta de que estaban sostenidos por el miedo y el control, y que así había sido durante años. Pero en ese momento, en veinticuatro horas, habían podido saborear lo que es sentirse capaces, confiados y reconectados.

De este modo dejaron atrás la fijación por los conflictos. El enfoque fue muy importante y la certeza y la nueva creencia fueron muy potentes; de hecho, son ese tipo de experiencias que, si no las vives, si no abres tu mentalidad a la grandeza, vas a vivir limitado para siempre.

Este es uno de esos procesos en los cuales yo también aprendo y soy testigo de la fuerza del amor bien dirigido. Veo a muchas familias que se quieren enfadadas y en las que el desorden lo monopoliza todo. Veo a muchos padres y madres que han perdido su poder interno, han perdido la confianza en sí mismos y se dejan llevar por lo que les dice el sistema.

Mi labor no es otra que devolverles su poder personal, conectar con su sabiduría y que vuelvan al amor. Solo si como padre o madre te haces cien por cien responsable de tu vida, sabiendo que no hay nada allá fuera a quien cambiar sino a ti mismo, habrás logrado lo más esencial en la vida: tu poder.

Lamentablemente, veo muchas veces la desconexión en las familias. Pero la gran desconexión es con uno mismo. Tu adolescente solo viene a mostrarte lo que todavía no quieres ver.

Esa familia no cambió porque alguien les diera una receta. Cambiaron porque eligieron mirar hacia dentro y, desde ahí, se atrevieron a cambiar el rumbo. Y quien decide cambiar de rumbo es el capitán del barco familiar, es quien está al timón tomando decisiones por el bien personal y por el bien común.

Entendieron algo que muchas veces olvidamos: no se trata de tener razón, se trata de sanar. Y sanar es dejar de luchar contra lo que no funciona para empezar a construir lo que sí.

Desde el amor. Desde la responsabilidad. Desde una mirada nueva.

Lo que viví en aquella casa, entre árboles, respirando el aire limpio de las montañas y compartiendo verdades a corazón abierto, fue un acto sagrado. Y no porque todo fuera perfecto, sino porque fue real, valiente y profundamente humano.

A veces, lo único que necesita una familia es recordar su origen: el amor. Y dejar que ese amor deje de doler y empiece, por fin, a sostener.

A sostener de verdad.

Porque no hay transformación posible sin presencia. Y no hay liderazgo familiar más poderoso que el de una madre o un padre que vuelve a sí mismo y, desde ahí, vuelve al corazón de su hogar, porque es entonces cuando **genera una atmósfera en la que los demás se sienten a gusto y apreciados**. Los líderes familiares consiguen hacer las cosas a través de los miembros de la familia; el trabajo en equipo es esencial, a todos los niveles. He observado en muchas familias que las relaciones se tensaban cuando se les pide a los hijos hacer cosas que no habían planeado hacer o que podrían no estar interesados en hacer.

Como madre o padre, desempeñas un papel de liderazgo muy importante y a veces has de ir contra corriente.

Pero quiero que sepas algo: **la tensión** en las relaciones dentro de tu familia **se reduce cuando estas obligaciones inevitables se llevan a cabo en una atmósfera humana, flexible y favorable**.

Un líder familiar es un creador firme; es capaz de crear una idea constructiva y de concentrarse en esa idea, de rechazar cualquier otra que no ayude a la manifestación de lo que cree que es bueno para uno mismo y para la familia.

Recuerdo a Olga, una mujer determinada que tomó la decisión de que recuperaría a su hija adolescente. Cuando me llamó, me dijo: «Carmina, estoy dispuesta a todo por recuperar la alegría y la complicidad en mi casa con mi hija, y no voy a parar hasta generar este cambio».

Esta decisión y determinación de Olga hicieron que su movimiento fuera muy enfocado hacia lo que quería, y así se convirtió en la madre de una adolescente de trece años generosa, interesante, alegre, entusiasta, firme. Al cabo de un mes, su hija le dijo: «Mamá, has cambiado mucho, ahora me encanta estar contigo». Antes no hacían planes juntas, se esquivaban, pero, en cuanto Olga cambió, su hija fue capaz incluso de cancelar planes con las amigas para ir con su madre de compras y a cenar porque sabía que la llenaría de amor y de bienestar.

Olga lideró su vida y se volvió magnética para su hija. Porque, como bien dijo Larry Wilson y recogió más tarde Bob Proctor en su formación, «un líder es una persona a la que las personas siguen porque quieren hacerlo». El verdadero líder, pues, se guía desde su interior, y Olga lo hizo. Y tú, que estás leyendo esto, tal vez sientas algo despertarse por dentro. Una voz suave que te dice: «Ya es hora de volver. De volver al amor».

El líder efectivo no renuncia a lo que quiere, permanece en calma, no renuncia, se mantiene completamente enfocado con total confianza, se mueve hacia una dirección clara porque sabe lo que quiere.

Olga quería recuperar la alegría y la complicidad con su hija, y siguió todos los pasos necesarios para llegar allí, y tú puedes hacer lo mismo.

Ten claro lo que quieres y traza un plan que te acerque al estado familiar que quieres.

Y, si has llegado hasta aquí, créeme: ya has empezado.

La casa del cerebro

¿Cómo está organizado el cerebro? (explicación sencilla)

Quiero explicarte una historia para que, como madre o padre, puedas entender el cerebro adolescente de una forma sencilla y que te ayude a comprender mejor a tu hijo. Lo haré describiendo el cerebro de una forma diferente a la convencional y, para ello, me he inspirado en la forma en que, Daniel Siegel habla de este órgano. Al fin y al cabo, está demostrado que, cuando contamos historias, las recordamos y son más fáciles de entender, y todo lo que es fácil se recuerda.

Imagina que dentro de la cabeza de tu hijo adolescente vive una familia muy peculiar. Los miembros de esta familia no se parecen en nada, pero tienen que convivir a diario. Serían como los vecinos de una serie de televisión como *La que se avecina*, pero dentro del cerebro de tu adolescente. Y, como en toda familia..., a veces hay broncas. Bienvenidos a la casa del cerebro adolescente.

Don **Reptiliano**, que siempre está alerta, vive en el sótano. Es el cerebro reptiliano, el más antiguo. Su único trabajo es que tu hijo adolescente sobreviva: respirar, huir, defenderse.

Lo más vital para don Reptiliano es sentir **seguridad, conexión y aceptación; solo así puede estar bien**. Cuando se activa, lanza la alerta, las 3F en inglés: *fight*, *flight*, *freeze*. ¡Pelea! ¡Huye! ¡Congélate! **No piensa, no razona. Solo quiere estar a salvo.**

Doña **Límbica**, intensa y emocional, vive en la planta baja. Representa el sistema límbico. Es intensa, sensible y explosiva. Cualquier cosa la desborda. **Guarda todos los recuerdos emocionales y reacciona al instante.**

Lo más vital para doña Límbica es sentirse segura, conectada y aceptada tal como es. Tiene una alarma llamada amígdala que salta fácilmente: gritos, portazos, lágrimas.

Luego está doña **Prefrontal**, que vive en el ático. En los adolescentes, está en plena reforma y no tiene buena señal; a veces le llega la cobertura y otras se queda sin. Es la corteza prefrontal, la parte más moderna y sabia. Es quien **planifica, piensa, evalúa y regula las emociones**.

Imaginemos una escena y veamos qué ocurre en la casa del cerebro de la adolescente de doce años que, a punto de cumplir los trece, prefiere quedarse en Barcelona con sus amigos antes que ir a la Costa Brava, donde no tiene pandilla, cuando los padres dicen: «Este fin de semana, sí o sí, nos vamos a la playa».

Don Reptiliano: ¡PELIGRO, HAY QUE LUCHAR! Sí, hombre, yo no pienso ir.

Doña Límbica: ¡Odio esta casa! ¡Nadie me entiende, no es justo, nunca me dejáis hacer nada!

Doña Prefrontal [*mientras llega corriendo desde el ático*]: Podría pensar que mis padres quieren lo mejor para mí, podría agradecer que tenemos una casa en la playa en primera línea, podría ir y compartir tiempo con ellos, y hacer nuevos amigos.

Pero esta información no llega a doña Prefrontal, porque la cobertura es muy mala, tanto que se pierde la señal. No hay señal.

Entonces, esta preadolescente solo se enfocará en el placer de lo que realmente quiere ella. No va a poder conectar con doña Prefrontal.

Las cosas, en cambio, funcionan de forma diferente en un adolescente que ya está en la etapa tardía. Así que imaginemos ahora qué ocurre en la casa del cerebro de un adolescente de diecisiete años cuando los padres dicen: «Este fin de semana, sí o sí, nos vamos a la playa».

Don Reptiliano: No siento el peligro, no quiero luchar, sé que podemos hablar.

Doña Límbica: Tengo dos opciones: alegrarme porque se irán y tendré la casa para mí o irme con mis padres; seguro que vamos al restaurante japonés que tanto nos gusta.

Doña Prefrontal: Estoy bien cuando estoy con mis padres, a veces son un poco insistentes, pero me gustan. Hablaré con ellos para ver si puedo quedarme este finde, quiero ver la final de hockey hierba, el próximo finde iré con ellos. Además, me queda entregar un trabajo y lo terminaré el sábado por la tarde antes de salir a ver el partido.

Este adolescente de diecisiete años ya no se enfoca en el placer, ya ha puesto en marcha a doña Prefrontal, puede reflexionar y pensar en su bien y en el bien común. Puede organizarse y hacerse responsable. Pero, para que doña Prefrontal conduzca, es necesario que previamente alguien la haya guiado con el ejemplo.

Si entendemos el cerebro adolescente como un edificio, podríamos decir que los padres y madres sois los andamios, el arquitecto y el director de la obra que sostienen este edificio. No podéis construir por ellos, pero sí darles estructura, seguridad y tiempo. Estar ahí, ver que todo marcha bien, poner buenas señales y estar presente cada día en la obra con mucha paciencia. Ir mostrando el camino, sobre todo para que cada parte del cerebro haga su función lo mejor posible.

A continuación quiero explicarte en detalle qué funciones tiene doña Prefrontal, la corteza prefrontal. Todas ellas las aprendí en una formación de Daniel Siegel a la que asistí, quien las compartió tras aprenderlas con Daniel Goleman. Tenerlas en cuenta te ayudará a comprender muchas de las reacciones de tu adolescente.

Las nueve funciones de la corteza prefrontal (de doña Prefrontal, la que vive en el ático)

1. **Regular el cuerpo:** regula partes como el corazón, los pulmones, los intestinos..., es el área que aporta calma al sistema nervioso. Es decir, equilibra los estados de estrés.
2. **Estar en sintonía con las demás personas:** esto ocurre porque es un órgano social. Y desde aquí puedes crear un estado de bienestar, no un estado de prisión. Este punto será crucial para conseguir motivación.

   Un líder familiar sintonizado tiene su corteza prefrontal muy bien desarrollada para poder sintonizarse, conectar con su adolescente.

   Si hay presencia, hay conexión y sintonía.

Si hay sintonía, se abre un campo de seguridad para poder crear, para poder ser.

Si puedes ser quien eres, se da la motivación suficiente para colaborar.

3. **Equilibrio emocional:** saber autorregular los estados emocionales es esencial; equilibrar la vitalidad y la energía es importante para ser concientes de la capacidad del ser.
4. **Flexibilidad de respuesta:** es la capacidad de reaccionar ante el impulso. Aquí es importante considerar las opciones que tienes y escoger la más apropiada. La definición de madurez es saber escoger la más adecuada entre el vacío y el impulso de la acción.
5. **Reduce el miedo:** saber discernir entre un pensamiento que provoca bienestar y los que provocan malestar.
6. **Ser consciente del presente:** la percepción del aquí y el ahora, del pasado y del futuro. La capacidad de tener visión y planificación.
7. **La empatía:** la capacidad de vivir la experiencia del otro tanto mentalmente como emocionalmente.
8. **Pensar en el bien mayor y llevarlo a cabo:** salir del egocentrismo y pensar en plural.
9. **Intuición:** la información que va del corazón a la conciencia y saber utilizar esa información veraz para tomar la decisión.

Claves para madres y padres

1. Practicar la pausa: enseñarles a parar antes de reaccionar.
2. Crear rutinas: el orden fortalece las conexiones cerebrales.

3. Fomentar la empatía: hablar sobre cómo se sienten los demás.
4. Modelar la calma: tu autorregulación enseña más que mil sermones.
5. Dar espacio a desafíos reales: dejar que lo intenten, se equivoquen y aprendan.

Observa si, cuando tu adolescente actúa mal, es porque se siente mal.

Su cerebro no está acabado y necesita que seas guía, andamio y ejemplo. Entender su neurobiología es el primer paso para acompañar con amor, sin juicios y con mucha más paciencia.

Porque, cuando tú sabes cómo funciona su cerebro, puedes dejar de luchar contra lo que es… y empezar a crear el clima familiar perfecto.

La casa del bienestar

El estado emocional más elevado para entrar en la adolescencia es el bienestar.

Tuve el honor de trabajar con toda la familia de Alberto y Cristina y sus dos adolescentes en etapa tardía (diecisiete y veintiún años); eran una familia maravillosa, pero se estaban relacionando desde el control, y eso, a la larga, genera malestar.

Quiero explicarte varios puntos que empezaron a mejorar para pasar de ese malestar familiar al bienestar en casa y en la relación.

Porque **alcanzar un estado emocional elevado implica trabajar en el equilibrio entre la mente racional y el corazón emocional**.

Los aspectos clave de este estado emocional elevado que la familia de Alberto y Cristina empezó a mejorar fueron:

1. **Presencia plena**
   Estar completamente presentes en el momento, escuchando y respondiendo desde la empatía y el respeto a sus hijos.

2. **Autocontrol emocional**
   Reconocer y regular las propias emociones para no reaccionar impulsivamente.

   Cuando Alberto y Cristina empezaron a mostrar sus emociones y a decir las cosas con un tono más amable y respetuoso, sus hijos pasaron de las malas contestaciones a una escucha más empática.

3. **Conexión auténtica**
   Construir relaciones basadas en la confianza y el amor incondicional.

   Desde el primer día vi que era una familia extraordinaria, solo que no se estaban entendiendo desde el lugar del amor; estaban en el reproche por cada cosa del día a día, y esto los mantenía agotados a todos. Lo que hicieron para conectar fue empezar a estar muy presentes y cambiar su comunicación para hacer sentir al otro mejor de lo que estaba.

4. **Inteligencia compasiva**

Aplicar la empatía y la compasión para comprender los desafíos del adolescente sin juicio.

Recuerdo una sesión familiar donde Alberto compartió que había decidido ir a cenar con su hijo de veintiún años a solas, los dos, y me dijo que, cuando estuvieron los dos solos, sin preguntas, sin prisas, sin obligaciones, descubrió una parte de su hijo que no tenía tan presente y que en el día a día no podía ver. Desde entonces implantó un nuevo hábito: ir a cenar una vez por semana con cada uno de sus hijos a solas. Y recuerdo que me dijo: «Hemos ido a tomar un bocadillo, y ha sido el mejor bocadillo de mi vida. He visto a mi hijo, lo he sentido cerca, y eso me ha llenado de amor».

5. **Coherencia interna**

Alinear pensamientos, emociones y acciones con valores personales y familiares.

Alberto y Cristina son dos personas muy generosas y nobles, y sus hijos también. Querían hacer un trabajo familiar porque sabían que no estaban disfrutando de la vida familiar como querían, y, cuando los adultos toman una decisión, se enfocan en el bienestar y cambian su forma de relacionarse, los resultados llegan. Ahora tienen conversaciones los cuatro, ya no se pelean diariamente como antes, se respetan y se apoyan con el objetivo común de ayudarse unos a otros; se sienten un equipo, y eso lo cambia todo.

Herramientas prácticas para fomentar este estado emocional

EJERCICIO

Ejercicio 1: respiración consciente para coherencia cardiaca

- **Cómo hacerlo**
  - Siéntate cómodamente y cierra los ojos.
  - Respira profundamente y enfoca tu atención en el corazón.
  - Imagina que estás respirando desde el corazón, inhalando calma y exhalando estrés.
  - Practica durante cinco minutos.
- **Beneficios**
  - Reduce el estrés, regula las emociones y mejora la conexión entre cerebro y corazón.

Ejercicio 2: diario de gratitud familiar

- **Cómo hacerlo**
  - Cada miembro de la familia escribe tres cosas por las que se siente agradecido al final del día.
  - Comparte una de estas cosas en una conversación familiar.
- **Beneficios**
  - Fomenta un ambiente positivo y fortalece los vínculos emocionales.

Hay una herramienta que no falla nunca en las familias: crear y generar el estado emocional más elevado, que es aquel que combina la claridad mental de la corteza prefrontal con la inteligencia emocional del corazón. Dar lo mejor es el primer y único paso para asegurarte de que tu adolescente responderá de la mejor manera. Pero tienes que perseverar. La etapa adolescente es una época llena de descubrimientos y de primeras veces, no juzgues, no critiques; acompaña, guía, da lo mejor de ti, y lo mejor llegará.

Los padres y los adolescentes que trabajan en este equilibrio pueden navegar por la etapa de la adolescencia con mayor confianza, empatía y resiliencia. Este estado no solo transforma las relaciones familiares, sino que también fortalece a cada persona para enfrentar los desafíos de esta etapa.

7

EL LENGUAJE SECRETO QUE DESPIERTA EL CORAZÓN DEL ADOLESCENTE

Tenemos solo una vida, eres madre o padre una vez en esta vida, de uno, de dos o de los hijos que hayas tenido, así que no lo desperdicies. Entiendo que tengas heridas, yo también las tengo, pero vivir del pasado, vivir condicionado por esas heridas no te va a dejar acompañar a tus hijos de la forma amorosa que sé que muchos padres y madres como tú quieren.

A lo largo de los años, he comprobado que **cada persona tiene un discurso sobre sí misma**, sobre la vida, sobre sus hijos, y algunas de esas historias que las personas se cuentan a sí mismas no las ayudan a mejorar, y mucho menos a sentirse mejor. Pero, al mismo tiempo, he visto el amor en cada familia que he acompañado, aunque estuviera atrapada en el enfado o el reproche. Siempre he pensado que muchas familias se quieren enfadadas porque no conocen otra manera de hacerlo; sin embargo, si dan con la nueva fórmula, podrán tratarse y relacionarse de forma serena, amorosa y respetándose.

Recuerdo a muchas familias que se habían quedado congeladas en la crítica, todos se recriminaban hasta las más pequeñas cosas los unos a los otros y, sin embargo, su anhelo era ser queridos, ser aceptados, ser abrazados…, sin darse cuenta de que sus acciones iban teniendo cada vez un eco mayor.

Precisamente, en este capítulo quiero hablar de dos aspectos esenciales para cambiar este tipo de dinámicas:

1. El eco emocional del pensamiento de segundo orden.
2. El lenguaje secreto que despierta el corazón del adolescente: el principio de hablarle a la esencia.

El eco emocional del pensamiento de segundo orden

Marta tenía dieciséis años cuando empezó a trabajar con su familia. Era una joven con una potencia impresionante, pero mal dirigida. Llegaba a las sesiones tarde, con mil excusas y con olor a tabaco. Tenía dos hermanos pequeños y sus padres estaban desesperados porque no sabían cómo tratarla. Se escapaba, llegaba a deshora, se metía en líos en el instituto…

Pero, a pesar de su actitud, cuando estaba en sesión colaboraba, era respetuosa, y recuerdo un día que me preguntó: «¿Por qué a veces siento que mis padres no me entienden? ¿Por qué nos enfadamos tanto sin saber muy bien por qué? Yo solo quiero salir con mis amigas, y no me dejan. Yo quiero hacer mi vida, y no me dejan. Están siempre encima, me controlan. Sobre todo mi madre, no me deja respirar. Y, cuanto más me controle, más me alejaré; me agobia, odio su cara de amargada, siempre me grita, siempre me trata fatal, pues yo paso de ella. Mientras me trate así, no le voy a hacer ni caso. Ya verá, ya…». Eso es lo que ella decía.

Cuando venían los padres y empezábamos las sesiones, solían preguntar: «¿Por qué mi hija está tan enfadada conmigo? ¿Por qué todo tiene que ser tan difícil con ella y con los demás no si lo hemos hecho igual? Nos contesta mal, nos trata fatal, se salta todas las normas, se aleja, pasa de todo, no hace ni las mínimas cosas que le pedimos, y, claro, sus hermanos lo ven, y tengo miedo de que sea un ejemplo para ellos. Mientras siga así, no la dejaré hacer nada, ya basta de hacer todo lo que ella quiere».

Cada uno lo ve desde su punto de vista, pero, por la experiencia que tengo como *coach* que acompaña a las familias a crear y diseñar un escenario familiar mejor del que tienen, puedo decir que **el adulto es la principal pieza del cambio dentro del sistema familiar**, porque por eso es el adulto. Y, aunque he trabajado con adolescentes que han hecho grandes cambios antes incluso que sus padres, cuando estos volvían a su «pecera» familiar, si el agua allí seguía turbia, no podían evitar regresar a sus pensamientos, estados emocionales y acciones de origen por un tema de fidelidad y de identificación. Es decir, somos fieles a lo familiar y a lo conocido porque es lo que conocemos, y, cuando la vida nos ofrece la oportunidad de cambiar, muchas veces nos resistimos porque lo nuevo nos incomoda. Miramos lo nuevo como algo desafiante, incluso a veces peligroso, sentimos que será malo para nosotros.

Todo lo que es nuevo al principio es una información que no es natural para nosotros hasta que por repetición se hace familiar.

Por eso es tan importante que, ante los cambios familiares, todos los miembros se involucren y empiecen un viaje de transformación, porque ayuda a identificarse con «lo nuevo» y a no anclarse al pasado.

Imagina que en una familia quieren mejorar su dieta diaria, y las hijas quieren comer brócoli, kéfir y kombucha, pero lo que es familiar para la madre son los pucheros con carne de cerdo y mucha grasa, porque esto es lo de siempre y lo bueno. En esta situación, la madre va a alterarse con este cambio, porque no lo siente natural, hasta que por repetición vea que estos alimentos son más saludables y, además, son antiinflamatorios, y empiece a familiarizarse con esta nueva dieta. Pero, normalmente, las personas que no están muy acostumbradas al cambio y a la transformación se niegan a las cosas nuevas por miedo. Por eso mi recomendación siempre es: entrénate y adáptate a lo nuevo lo antes posible; es la mejor manera de pasar de la zona familiar a la zona del aprendizaje hasta llegar a una nueva zona mágica donde habrás ampliado tus habilidades.

Por eso, José Antonio Marina siempre ha dicho: «Para educar a un niño necesitas la tribu entera», es decir, que la familia, padres y madres, tomen la responsabilidad del cambio y la mejora; si no, todo vuelve a su estado de siempre.

Pero, para que esto se entienda bien, quiero explicarte de manera gráfica el eco de cada acción en la familia de Marta y por qué llegaron a este punto de agitación y distancia.

Recordemos que a los padres de Marta los movían la preocupación y las ganas de mejorar. Lo hacían lo mejor que sabían para que las cosas cambiaran. Le daban consejos, la criticaban «para que espabile», le controlaban el móvil y le preguntaban mil veces qué le pasaba. Desde fuera, parecía que estaban encima, pero por dentro... había una enorme desconexión.

¿Qué estaba pasando realmente?

Los padres de Marta estaban tomando decisiones desde el pensamiento de primer orden: es decir, pienso que está rebelde, así que activo una acción que sea controlarla más para que no esté tan rebelde. Tomar decisiones y acciones desde el pensamiento de primer orden es lo que pienso en primer lugar, sin tener en cuenta el largo plazo.

Para que sea más fácil de entender, es importante hacerse esta pregunta: «Con esto que pienso y que hago ahora, ¿qué estoy sembrando a largo plazo en nuestra relación?». Esto ayuda a descifrar dónde tengo puesto el foco y a adoptar una forma de acompañar con una visión a largo plazo. Por ejemplo, si está más contestona y yo la castigo sin salir esta tarde y me hago la pregunta: «¿Qué estoy sembrando a largo plazo con esta acción?», tendré claridad de cómo ajustarla para mejorar la situación. Sobre todo, con el objetivo de dejar a la persona que tengo delante mejor de lo que estaba.

Sin embargo, los padres de Marta no veían lo que había detrás de esa «nube», de esos primeros pensamientos: las consecuencias de segundo, tercer y cuarto orden. Es decir, las que vienen después, como consecuencia de la acción o decisión que tomas. Veamos la cadena de consecuencias:

Acciones de los padres	Primer orden (lo que ven los padres)	Segundo orden (lo que pasa dentro de la mente de Marta minutos después)	Tercer orden (unas semanas o meses después)	Cuarto orden (un año o más después)
Le quito el móvil. Le grito para que me escuche. La critico por su actitud.	Obedece. Se calla. Parece que reacciona.	Se siente incomprendida y juzgada. Pierde la confianza para expresar lo que siente. Comienza a esconder cosas por miedo al juicio.	Marta ya no comparte nada con sus padres. La relación se vuelve tensa y distante. Su autoestima empieza a resentirse. Busca refugio en amistades o redes sociales que sí «la entienden».	Marta construye un muro emocional. Aparece ansiedad, apatía o una necesidad constante de validación externa. Sus padres sienten que la han «perdido», sin saber en qué momento pasó. La confianza es inexistente, y reconstruirla cuesta años.

¿Por qué es tan importante entender esto?

Porque cada decisión que tomamos respecto a nuestros hijos deja un eco. No solo afecta al momento presente, sino que moldea su mundo interno, su identidad, su relación con nosotros y con ellos mismos.

Esto también se aplica en sentido contrario; cuando los padres de Marta empezaron a hacer un trabajo de transformación familiar, de lo primero de lo que se dieron cuenta fue de que necesitaban mejorar su gestión emocional, el trato hacia su hija, la forma en que se hablaban y actuaban en su día a día, y empezaron a hacer estos cambios aparentemente sutiles, pero que, repetidos en el tiempo, crean un eco infinito de bienestar:

Los padres de Marta...

- En lugar de gritar, empezaron a respirar 2-4.
- En lugar de castigar, preguntaban con curiosidad y se quedaban en silencio sin atropellar.
- En lugar de criticar, empezaron a validar sus emociones, lo que ayudó a Marta a mejorar y a incrementar su valor.

En consecuencia, el eco, al cabo de minutos, días y meses, empezó a ser otro:

- Marta empezó a sentirse segura y escuchada.
- Aprendieron a confiar en el diálogo.
- Compartían más momentos. Se abrieron a nuevas maneras de relacionarse.
- La autoestima de Marta empezó a crecer.
- La relación se fortaleció poco a poco y empezaron a tener ganas de hacer planes juntos.
- Y ese nuevo vínculo se convirtió en su ancla emocional.

Este modelo mental lo utilizan personas como Jeff Bezos, Charlie Munger o Bill Gates para tomar mejores decisiones en sus empresas. Pero, en realidad, su poder más transformador está... en casa, en la familia. En cada palabra que eliges, en cada reacción que frenas, en cada conversación que siembras.

El pensamiento de segundo orden te permite ver el futuro que estás creando con lo que haces hoy.

Y, como madre o padre, eso vale oro, y quiero que lo tengas en cuenta para reconstruir, para diseñar, no para sentirte culpable por el pasado. Escúchame bien: **todos nos equivocamos**; yo soy madre y también me he equivocado, pero, una vez que conoces esta información, es inevitable empezar a diseñar algo mejor para ti y tu familia, dándole la espalda al pasado, porque **es más importante lo que está frente a ti que lo que está detrás**.

Cabe destacar que, para cambiar el escenario familiar, solo se necesita una cosa: tú queriendo cambiar las cosas. Eres la pieza clave para tu vida, y para la vida de tu adolescente, y ya has visto que toda decisión y acción tienen un eco en el mundo interior de tu adolescente, y en el tuyo.

¿Cómo comunicarte para influir positivamente en tu adolescente?

> «La única relación auténtica y duradera que vamos a vivir a lo largo de toda nuestra vida es la relación que mantenemos con nosotros mismos. El resto de las relaciones no son más que un juego de espejos y proyecciones».
>
> JIDDU KRISHNAMURTI

Corría el 2012 cuando estaba estudiando el Máster en *Coaching* Estructural, y también empecé la formación de PNL (programación neurolingüística). Recuerdo el primer día de la formación, cuando el formador nos dijo una frase que me impactó tanto que no la he olvidado: «En programación neurolingüística (PNL), el resultado de tu comunicación está intrínsecamente relacionado a la respuesta que genera en el otro».

Es decir, el «éxito» de tu comunicación no se define por lo que tú intentaste transmitir, sino por lo que el otro entendió y cómo reaccionó a tu mensaje. Esto es para leerlo varias veces. Te ayudará.

Descubrir esto me hizo interesarme más y más por el tema de la comunicación. Porque confieso que muchas veces me ofendía por las cosas que me decían los demás. Sin embargo, en ese momento entendí que mi comunicación era mi responsabilidad. Esto implica que, si la respuesta de la persona que tienes delante no es la deseada, es tu responsabilidad ajustar tu comunicación para lograr el resultado esperado, ya que la comunicación es un proceso de influencia mutua.

El principio clave de la PNL en este contexto es que el significado de tu comunicación es la respuesta que provoca. Esto implica varias cosas que quiero puntualizar:

- **No es lo que dices, sino cómo lo dices tú y cómo lo recibe el otro.**
  La interpretación del otro es lo que realmente cuenta. Si tu mensaje no se entiende como esperabas, no es culpa del otro, sino que tú eres el responsable de tu forma de comunicarte.

- **La responsabilidad es tuya.**
  Si la respuesta no es la que buscabas, debes ser flexible y ajustar tu mensaje, tu lenguaje corporal o tu forma de expresarte hasta lograr el resultado deseado.

- **La comunicación es un proceso dinámico.**
  No se trata solo de emitir un mensaje, sino de observar la respuesta del otro y adaptar tu comunicación en consecuencia.

En resumen, la PNL te anima a ser consciente de cómo tus mensajes impactan en los demás y a asumir la responsabilidad de ajustar tu comunicación para lograr los resultados que esperabas. Esto implica ser observador, flexible y estar dispuesto a aprender y mejorar tu forma de interactuar con los demás.

Entenderlo es crucial para que mejores tu vida, tu relación con tu adolescente y su mundo interior, porque, como ya has visto, todo lo que haces tiene un eco en el interior de tu vida y de la vida de tu hijo.

La comunicación de L de líder

¿Me permites recordarte el juego que ya vimos en el capítulo 3 para descubrir qué significa «comunicación de L de líder»?

Haz conmigo una L con la mano izquierda y observemos juntos:

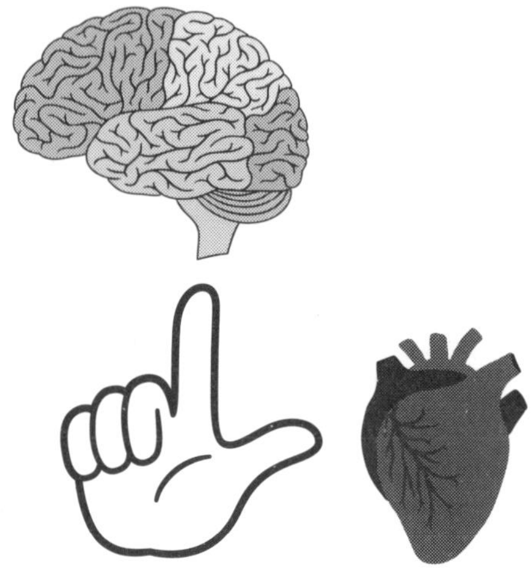

El dedo índice apunta hacia arriba: la cabeza. Toda la parte racional, lógica, que vamos a aportar mientras nos comunicamos. El dedo pulgar apunta a tu corazón: tu empatía, la conexión, las palabras amorosas.

La comunicación es un asunto tan crucial como delicado en toda interacción humana. **Pero no todos poseemos de forma innata la capacidad de transmitir lo que realmente deseamos con efectividad.** Para muchas familias, es difícil no caer en la trampa de una comunicación que genera malestar, malentendidos, juicios y culpas, porque, sin querer, se enfocan en lo que va mal, en lo negativo, en lo que no quieren. Y donde pones la atención, pones la energía, y eso se expande aún más.

Una de las recomendaciones que les doy a los padres, que, al fin y al cabo, son quienes deben asumir este papel de líderes, antes de profundizar en el tema es que en la etapa adolescente deben tener en cuenta dos cosas muy básicas cuando se comuniquen:

1. **Si lo que van a decir es un buen pase comunicativo:** recuerda que estamos en la fase de construcción de un buen juego, y hacer un buen pase significa lanzar una propuesta, que lo que vayas a decir ayude a tu adolescente a hacer algo bueno con este pase comunicativo. Es decir, que le ayude a reflexionar, que le ayude a elevar el nivel de responsabilidad, que le ayude a rectificar, a dar las gracias, a ser mejor.

2. **Si lo que le vas a decir a tu adolescente le deja mejor de lo que estaba:** este punto es esencial. Es el pilar fundamental de una buena relación y conexión entre vosotros. Porque, si lo que vas a decirle a tu hijo no le hace mejor persona y no le hace sentir

bien, es mejor que no se lo digas. Reformula tu manera de dirigirte a él con la comunicación de L de líder.

Un vez que tenemos clara la L: cabeza y corazón, les recomiendo que tengan en cuenta los tres pasos de esta comunicación:

- El encuentro.
- Los lazos de conexión.
- El diálogo.

Estos son los tres pasos fundamentales para conseguir comunicarte siguiendo las bases de la comunicación de líder: de forma efectiva y amorosa, con cabeza y corazón con tu persona adolescente. Pero antes debes saber que el secreto está en volver al origen. El origen es el amor, ese amor que cura, ese amor que sana el alma.

Paso 1: el encuentro

Dicen los expertos que para crear un impacto en las personas tenemos menos de siete segundos. Y que **comunicamos con todo.** Nuestra persona adolescente es como una antena wifi emocional, lo capta todo, y por eso es importante tu estado. Para ello, te recuerdo que: «No es lo que dices, es cómo lo dices».

El encuentro con la persona adolescente es el paso **previo** a los lazos de conexión futuros, y se hace teniendo en cuenta los cinco cuerpos:

- El cuerpo **físico**: el cuerpo, la cara y la mirada.
- El cuerpo **energético**: la energía de la presencia.
- El cuerpo **emocional**: la empatía.
- El cuerpo **mental**: la película que te cuentas te condiciona.
- El cuerpo **verbal**: el tono, la voz y el lenguaje.

Es necesario que pongas mucha concentración en esos primeros segundos, cuando tienes ese ENCUENTRO, porque aquí estás tejiendo lo que será el LAZO DE CONEXIÓN y el posible DIÁLOGO posterior.

Voy a darte un truco para cada uno de los cuerpos con el fin de que tu encuentro sea memorable:

- **Cuerpo físico:** lo que primero ven las personas adolescentes es **la mirada y la sonrisa**. Por eso te pido que al verle alegres tu mirada y tu sonrisa, como si vieras a la persona más bella del mundo.
- **Cuerpo energético:** existir presente es estar ahí, así que pon atención a sentir los pies en el suelo. Enraízate y siente que estás ahí. No te dejes llevar por los pensamientos.
- **Cuerpo emocional:** empatizar significa ponerse en el lugar de tu persona adolescente.
- **Cuerpo mental:** darte cuenta de qué te dices sobre tu hijo en esa vocecita en silencio: «Ya verás que la tenemos otra vez», «A ver qué me dice», porque lo que te cuentas cuenta y se refleja en el exterior. Imagina que te está oyendo. Los pensamientos emiten energía y crean la realidad; haz que sea una energía de fuerza, de confianza y de amor.
- **Cuerpo verbal:** las palabras tienen energía, y la voz y el tono que utilices son determinantes en tu comunicación. No es tanto lo que le dices, sino el cómo se lo digas lo que te llevará a un lugar agradable o desagradable en la relación.

Paso 2: lazo de conexión, campo de seguridad

Sin juicio. Sin prisa. Pensando bien. Estando presente. Con escucha activa y un trato exquisito. Utilizando palabras maestras: «Me importas», «Eres valioso», «Quiero que te pasen cosas buenas», «Me encanta estar contigo», «Vales más que tus notas», «Si necesitas algo de mí, pídemelo».

Paso 3: diálogo para la cooperación

- No interrumpir cuando hablan y explican.
- Dejar que den su punto de vista.
- Hacer preguntas abiertas para invitar a la reflexión.

Para que se den estos tres pasos tiene que haber presencia.

La presencia da seguridad.

Y un adolescente que se siente seguro se queda a tu lado.

Haz un Rocky

Cuando estaba estudiando Oratoria y Comunicación con la maestra de oratoria más reconocida de este país, aprendí varias técnicas comunicativas que estudié y, más tarde, cuando empecé a trabajar como *coach* familiar, quise ver la aplicación directa que tenían en las familias con las que trabajaba, y los resultados fueron increíblemente buenos. Así que voy a compartir contigo una de las técnicas que yo misma creé gracias a lo aprendido en la formación que hice con Mónica Galán Bravo.

Es una técnica de comunicación que impacta de forma positiva en la persona adolescente y más de un centenar de familias la han probado, la han aplicado y el resultado con su hijo ha sido estremecedor, sobre todo por el espacio de conexión que han generado gracias a este discurso.

La he llamado la técnica Rocky porque me inspiré en el discurso que Rocky Balboa le da a su hijo adolescente antes del campeonato. Voy a detallarte las partes de este discurso porque te van a ayudar a elaborar tu propio discurso y así llegar al corazón de tu hijo.

Analicemos lo que Rocky Balboa le dice a su hijo antes de la última pelea:

1. **Incrementa su valor:** creas un campo de calma, empatía y confianza.

   «No te lo vas a creer, pero cabías en la palma de mi mano, te levantaba y le decía a tu madre: "**Este va a ser el mejor chico del mundo, este chico va a ser mejor de lo que nadie se imagina...**". Fuiste creciendo, cada vez más estupendo; era fantástico poder observarte, ¡un privilegio! Y, cuando llegó el momento de hacerte un hombre y afrontar el mundo, **¡lo hiciste!**».

2. **Dile lo que no quieres más:** habla muy claro, corto, conciso y con rotundidad.

   «Pero, en algún momento del trayecto, **cambiaste, dejaste de ser tú**, permitiste que te señalaran y **que te dijeran que no sirves** y, **cuando empeoró todo, buscaste a quién echarle la culpa, a una sombra alargada**».

3. **Primero, mensaje negativo; después, positivo:** habla de la situación y luego vuelve a incrementar el valor de la persona.

   «Voy a decirte algo que tú ya sabes: el mundo no es todo alegría y color, es un lugar terrible, y, por muy duro que seas, **es capaz de arrodillarte a golpes y tenerte sometido permanentemente** si no se lo impides. **¡Ni tú... ni yo... ni nadie golpea más fuerte que la vida!** Pero no importa lo fuerte que golpeas, sino lo fuerte que pueden golpearte y **lo que aguantas mientras avanzas; hay que soportar sin dejar de avanzar, así es como se gana. Si tú sabes lo que vales, ve y consigue lo que mereces.**

   Tendrás que soportar los golpes, y no puedes estar diciendo que no estás donde querías estar por culpa de él, de ella ni de nadie. Eso lo hacen los cobardes, y tú no lo eres, **eres capaz de todo**».

4. **Termina las frases con empatía y capacitando.**

   «Yo te querré en cualquier situación, pase lo que pase, eres mi hijo y llevas mi sangre, tú eres lo mejor de mi vida, **pero, hasta que no empieces a creer en ti mismo, no tendrás tu vida propia»**.

Ahora es tu turno para preparar un Rocky:

1. **Incrementa su valor:** creas un campo de calma, empatía y confianza.

   ....

   ....

2. **Dile lo que no quieres más:** habla muy claro, corto, conciso y con rotundidad.

   ....

   ....

3. **Primero, mensaje negativo; después, positivo:** habla de la situación y luego vuelve a incrementar el valor de la persona.

   ....

   ....

4. **Termina las frases con empatía y capacitando.**

   ....

   ....

El lenguaje secreto que abre las puertas del corazón: el principio de hablarle a la esencia

Hay una pregunta que, cuando se la hago a los padres y las madres, todos se quedan en blanco. No la saben responder, y quiero que tú te entrenes para hacerte esta pregunta todos los días de tu vida, porque esta pregunta va a llevarte directa al corazón y al alma de tu hijo adolescente y, cuando llegas a él, la conexión está asegurada.

Es una pregunta que, como decía, muchos padres y madres tienen dificultades para contestar, pero, cuando se detienen, piensan y encuentran la respuesta a esta pregunta, ya han llegado al lugar más preciado de la comunicación con su adolescente.

La pregunta es:

¿Recuerdas qué hacía valioso a tu bebé cuando nació?

Recuerdas que ese bebé no estudiaba, no sacaba buenas notas, no recogía su habitación, lloraba, comía, se despertaba y, sin embargo, tu forma de amarle era descomunal.

Ahora, con el paso de los años…

¿Qué hace valioso y único a tu hijo?
¿Qué es aquello sagrado que lo define?

Imagina que a tu adolescente le quitamos los méritos académicos, le borramos los logros, le eliminamos todo lo que ha conseguido, ya sean títulos, la nacionalidad, la identidad de ser hijo, amigo o buen jugador de fútbol…, ¿qué le hace valioso entonces? ¿Cuál es su gran valor?

Cuando pienso en Dídac, mi hijo de nueve años, cierro los ojos y lo que siento que le hace valioso es su sensatez, su gentileza, la sensibilidad que tiene. Y me conecto tan fuerte que puedo llegar a emocionarme de lo generoso y amable que es.

Cuando pienso en Laia, mi hija pequeña de ocho años, cierro los ojos y siento que lo que la hace valiosa es su frescura, su alegría, su generosidad, su entusiasmo.

Cuando invito a los padres y madres a hacer este ejercicio, les cuesta, pero llegan a un punto de comprensión muy elevado, porque vuelven a conectar con la esencia que hace único a su hijo o hija.

Vuelven a ese «yo profundo» que no tiene que ver con lo que tienes o consigues, sino con quién eres.

Y en este punto quiero que hagamos una pausa.

Ahora ya tenemos la esencia, aquello que hace único, valioso a tu hijo; bien.

Pues, ahora, se trata de que, cuando te comuniques con él, le hables a la esencia; quiero que tengas en el centro de tu comunicación esa esencia, como si pudieras personificarla, elevarla, darle alas, ponerla en el centro de tu vida a la hora de comunicarte con él.

Esto despertará en tu adolescente todo su potencial, que con los años se ha quedado dormido, que se ha quedado silenciado por el hacer, por los estudios, por las notas, por las críticas, por los juicios…; no lo permitas.

Como madre, te puedo asegurar que, si consigues hacer este ejercicio a diario, y a partir de hoy le hablas a la esencia de tu hijo, vas a ver cómo se eleva en tu hijo la nobleza, el respeto, la exquisitez y el sentido del bien común.

Desde que soy madre y descubrí este principio, al hablarle a la esencia del ser de mis hijos, he podido experimentar momentos sublimes de conexión y de madurez emocional en ellos. Porque, además, les asegura la puerta de entrada a la conexión con ellos mismos, es decir, les estoy mostrando el camino hacia su interior, el camino a amarse a sí mismos.

Está claro que como madre amo y adoro a mis hijos y quiero lo mejor para ellos, y también sé que ellos me quieren a mí, y a Gabriel, mi compañero de vida y el mejor padre; sin embargo, mi divina obsesión con mis hijos y con todos los hijos del mundo es que sepan amarse a sí mismos.

Una cosa es que se sientan queridos y otra cosa es que ellos sepan querer a los demás, y algo bien distinto es que sepan quererse a sí mismos.

Si te fijas bien, les enseñamos a amar a papá y a mamá, también a los abuelos, a los amigos y a los objetos, pero nadie se toma el tiempo necesario para enseñar a un niño o a un adolescente a quererse a sí mismo y a conectar con su mundo interior, con su esencia. Esta es mi gran misión.

Por eso estoy aquí, por eso me dedico a esto, para construir puentes entre padres e hijos, y algo que me apasiona es tocar dentro de cada corazón adolescente y construir un camino de amor hacia sí mismo, porque solo así el amor perdurará en la eternidad de esa familia y de esa persona.

Nadie a quien amar, sino a uno mismo.

BIBLIOGRAFÍA

Bach, Eva, y Cecilia Martí Valverde, *Por amor a mi familia: La fuerza emocional del vínculo con nuestros padres*, Plataforma Editorial, 2013.

Bandler, Richard, y John Grinder, *The structure of magic: A book about language and therapy*, Science and Behaviour Books, 1989. [Hay trad. cast.: *La estructura de la magia: Lenguaje y terapia (1)*, Cuatro Vientos, 2008].

Braden, Gregg, *The spontaneous healing of belief: Shattering the paradigm of false limits*, Hay House, 2009. [Hay trad. cast.: *La curación espontánea de las creencias: Cómo liberarse de los falsos límites*, Sirio, 2009.

Brooks, David, «El poder del contacto físico», *The New York Times en Español*, 25 de enero de 2018. Disponible en: <https://www.nytimes.com/es/2018/01/25/espanol/opinion/opinion-consenso-acoso-aziz-ansari.html>.

Brown, Brené, *Daring greatly: How the courage to be vulnerable transforms the way we live, love, parent and lead*, Penguin Publishing Group, 2015. [Hay trad. cast.: *El poder de ser vulnerable: ¿Qué te atreverías a hacer si el miedo no te paralizara?*, Urano, 2016].

— *Rising strong: How the ability to reset transforms the way we live, love,* parent and lead, Random House, 2015. [Hay trad. cast.: *Más fuerte que nunca*, Urano, 2016].

— *The gifts of imperfection: Let go of what you think you're supposed to be and embrace who you are*, Hazelden, 2010. [Hay trad. cast.: *Los dones de la imperfección*, Gaia, 2016].

Bucay, Jorge, *Déjame que te cuente. Los cuentos que me enseñaron a vivir,* DeBolsillo, 2020.

Bueno, David, *El cerebro del adolescente*, Grijalbo, 2022.

Byrne, Rhonda, *The secret gratitude book*, Simon & Schuster, 2007. [Hay trad. cast.: *El libro de la gratitud*, Urano, 2008].

— *The secret*, Simon & Schuster, 2006. [Hay trad. cast.: *El secreto*, Urano, 2007].

Byron, Katie, y Stephen Mitchell, *Loving what is*, Three Rivers Press, 2003. [Hay trad. cast.: *Amar lo que es: Cuatro preguntas que pueden cambiar tu vida*, Books4pocket, 2009].

Castellanos, Nazareth, *Neurociencia del cuerpo: cómo el organismo esculpe el cerebro*, Kairós, 2022.

De Bono, Edward, *Lateral thinking: A textbook of creativity*, Penguin Books, 2016 (1970). [Hay trad. cast.: *Pensamiento lateral: Manual de creatividad*, Paidós, 2018].

De Saint-Exupéry, Antoine, *El Principito*, Salamandra infantil y juvenil, 2008.

DeMartini, John F., *The gratitude effect*, New Holland Publishers, 2008. [Hay trad. cast.: *El efecto gratitud: Siete caminos hacia la abundancia*, Urano, 2017].

Dilts, Robert, *El poder de la palabra PNL: La magia del cambio de creencias a través de la conversación*, Urano, 2022.

Dumont, Nicole, *Espejos*, Ediciones Obelisco, 2005.

Erikson, Erik H., *Identity, Youth and Crisis*, Norton, 1968. [Hay trad. cast.: *Identidad, juventud y crisis*, Taurus, 1992].

Galán Bravo, Mónica, *Método bravo: La herramienta definitiva (y divertida) para aprender a hablar en público*, Alienta, 2018.

Garriga, Joan, *¿Dónde están las monedas? Las claves del vínculo logrado entre hijos y padres*, Rigden Institut Gestalt, 2010 (p. 24).

—*El buen amor en la pareja: Cuando uno y uno suman más que dos*, Destino, 2023.

Gibson, Michael, *Gods, men and monsters from the Greek myths*, Peter Bedrick Books, 1991. [Hay trad. cat.: *Mitologia grega: Déus, homes i monstres*, Barcanova, 1995].

Goleman, Daniel, *The brain and emotional intelligence: New insights*, More than sound, 2011. [Hay trad. cast.: *El cerebro y la inteligencia emocional: Nuevos descubrimientos*, Ediciones B, 2012].

Hawkins, David R., *Transcending the levels of consciousness: The stairway to enlightenment*, Hay House UK, 2015. [Hay trad. cast.: *Trascender los niveles de conciencia: La escalera a la iluminación*, El Grano de Mostaza, 2016].

Hellinger, Bert, *Órdenes del amor: Cursos seleccionados de Bert Hellinger*, Herder, 2011.

Hicks, Esther, y Jerry Hicks, *The astonishing power of emotions: Let your feelings be your guide*, Hay House UK, 2008. [Hay trad. cast.: *El increíble poder de las emociones: Atrévete a dejarte guiar por los sentimientos*, Books4pocket, 2014].

Issa, Maïte, «Formación didáctica y práctica». Disponible en: <https://maiteissa.com/>.

Krishnamurti, Jiddu, *El conocimiento de uno mismo*, Kairós, 1999.

Marina, José Antonio, *Los secretos de la motivación*, Ariel, 2011.

Marquier, Anna, *El poder de elegir o el principio de la responsabilidad*, Luciérnaga, 1996.

Noguera, Sara, *Ser madre es fácil*, Bruguera, 2023.

Observatorio Estatal de la Soledad No Deseada, «Harvard study of adult development», *SoledadES*, 2024. Disponible en: <https://www.soledades.es/estudios/enharvard-study-adult-developmenten-ingles>.

Porges, Stephen W., *The pocket guide to the polyvagal theory: The trans-*

formative power of feeling safe, Norton, 2017. [Hay trad. cast.: *Guía de bolsillo de la teoría polivagal: El poder transformador de sentirse seguro*, Eleftheria, 2018].

Proctor, Bob, *Change your paradigm, change your life*, G&D Media, 2021. [Hay trad. cast.: *El paradigma: Cambia tus actos y pensamientos para mejorar tu vida*, Amat, 2022].

— y Sandra Gallagher, *Thinking into results*, Proctor Gallagher Institute.

Rohn, Jim, *7 strategies for wealth & happiness: Power ideas from America's foremost business philosopher*, Crown Publishing Group, 1996. [Hay trad. cast.: *Siete estrategias para alcanzar riqueza y felicidad: La obra maestra del mentor de Tony Robbins*, Máximo Potencial, 2017].

Rosenthal, Robert, y Lenore Jacobson, *Pygmalion in the Classroom: Teacher Expectation and Student Intellectual Development*, Nueva York: Holt, Rinehart & Winston, 1968. [Hay trad. cast.: *Pigmalión en la escuela: Expectativas del maestro y desarrollo intelectual del alumno*, Marova, 1980].

Ruiz, Miguel, *Los cuatro acuerdos*, Urano, 1998.

Sanchís, Ima, «Annie Marquier: "El corazón tiene cerebro"», *La Vanguardia*, 14 de marzo de 2012.

Satir, Virginia, *En contacto íntimo: Cómo lograr una relación auténtica con uno mismo y con los demás*, Neo Person, 2008.

— *Nuevas relaciones humanas en el núcleo familiar*, Pax Mexico, 2000.

Segrelles, Marta, *Abraza a la niña que fuiste*, Bruguera, 2023.

— *Querida mamá, me dueles*, Bruguera, 2024.

Siegel, Daniel J., *Brainstorm: the power and purpose of the teenage*, Tarcher Perigee, 2013. [Hay trad. cast: *Tormenta cerebral: El poder y el propósito del cerebro adolescente*, Alba, 2014].

Spitz, René A., «Hospitalism: An Inquiry into the Genesis of Psychiatric Conditions in Early Childhood», *The Psychoanalytic Study of the Child*, 1(1), 1945, pp. 53-74. Disponible en: <https://doi.org/10.1080/00797308.1945.11823126>.

Tolle, Eckhart, *The power of now: A guide to spiritual enlightenment*, New World Library, 2004. [Hay trad. cast.: *El poder del ahora: Una guía para la iluminación espiritual*, Gaia, 2007].

Traveset Vilaginés, Mercè, *La pedagogía sistémica: Fundamentos y práctica*, Graó, 2007.

Tsabary, Shefali, *The conscious parent: Transforming ourselves, empowering our children*, Yellow Kite, 2015. [Hay trad. cast.: *Mapa para una crianza consciente: Soluciones para educar niños emocionalmente sanos y felices*, Urano, 2024].

Villar Cabeza, Francisco, *Cómo las pantallas devoran a nuestros hijos*, Herder, 2023.

Waldinger, Robert, y Marc Schulz, *Una buena vida: el mayor estudio mundial sobre la felicidad*, Planeta, 2023.

Wilson, Kelly G., y María Carmen Luciano Soriano, *Acceptance and commitment therapy: An experiential approach to behavior change*, The Guilford Press, 2003. [Hay trad. cast.: *Terapia de aceptación y compromiso (Act): Un tratamiento conductual orientado a los valores*, Pirámide, 2002].

AGRADECIMIENTOS

A Gabriel, mi pareja de vida, por llenar nuestra casa de orden, humor y cariño. Gracias por animarme siempre a superarme y por creer en mí cuando ni siquiera yo era capaz de hacerlo.

A mis hijos, Dídac y Laia, por mostrarme el nuevo camino del amor. Con vosotros he aprendido a ser una mejor persona.

A mi padre, Jaume, por estar siempre a mi lado, por alegrarte más que yo de mis logros y por abrazarme fuerte en mis caídas.

A mi madre, por cuidarme de una forma exquisita, con tu alegría y entusiasmo. Por reír, llorar y bailar juntas. Gracias, mamá, has sido la mejor madre que habría podido tener.

A mi abuelo Josep, gracias por enseñarme la fuerza de la vulnerabilidad.

A mi tía Josefina, por tu mirada de amor y tu cariño de siempre.

A mi tía Fina, por susurrarme que me quieres y que estás orgullosa de mí.

A mi hermano Santi, por ser el mejor hermano y compañero de vida desde que nací, y por hacerme reír tantas veces.

Y a Anna, mi cuñada, gracias por tu generosidad y por confiar en mí para la educación de mis queridas sobrinas, Lila y Arlet. Os quiero mucho.

A mi amiga Laura, gracias por tu generosidad, por estar siempre conmigo y por ayudarme a superarme día a día.

A las mamis del Atlètic Terrassa Hockey Club, por ser un ejemplo de fuerza y sensibilidad, dentro y fuera del campo de juego.

A mis profesores de la Escola Pia de Terrassa, Josep Margarit e Isabel Caballero, por vuestra mirada de confianza y cariño que dejaron huella en mi corazón y me ayudaron a creer en mí misma.

A Cristina, mi editora, por tu confianza, sinceridad y claridad al acompañarme a escribir algo que llevaba escondido dentro.

A Majo, mi editora, por tu finura al cuidar del texto y también de mí durante este proceso.

A mi mentor y gran amigo, Israel Romero, por acompañarme a soñar en grande.

A mi mentora de oratoria y amiga, Mónica Galán Bravo, quien fue la primera en decirme: «Vas a escribir un libro». Gracias por mirarme con los ojos del amor.

A mi «míster», Rubén Turienzo, por darme la mentalidad estratégica y el corazón de una guerrera de la paz que sigue adelante, paso a paso. Siempre adelante.

A mis amigas, Alba Tapias, Marta Milian, Marta Prat, Mar Soler, Sandra Doña, Maria Borrat, Montse Montalà, Bet Vives, Mariona Vives, Laura Pérez y Neus Brunet, por creer en mis locuras y animarme siempre a continuar.

A mis alumnos y alumnas adolescentes, gracias por enseñarme las ganas de vivir y la chispa de esta etapa, que, cuando se vive desde el amor, es pura vida.

A todos los padres y madres que han confiado en mí para acompañarlos en el proceso de educar a sus hijos e hijas desde el corazón y la superación personal.

A mi adolescente interior, por no dejar nunca de soñar.

A ti, gracias.

Este libro se terminó de imprimir
en el mes de noviembre de 2025.